快速读懂民法典

侵权责任编

如何保护你的私权

沈 斌 主编

中国民主法制出版社

图书在版编目（CIP）数据

快速读懂民法典．侵权责任编——如何保护你的私权 /
沈斌主编 ．-- 北京：中国民主法制出版社，2021.4
ISBN 978-7-5162-2184-6

Ⅰ．①快… Ⅱ．①沈… Ⅲ．①民法—法典—中国—学
习参考资料②侵权法—中国—学习参考资料 Ⅳ．
① D923.04 ② D923.74

中国版本图书馆 CIP 数据核字（2021）第 044176 号

图书出品人：刘海涛
出 版 统 筹：乔先彪
责 任 编 辑：陈 曦 谢瑾勋

书 名 / 快速读懂民法典·侵权责任编——如何保护你的私权
作 者 / 沈 斌 主编
插 画 / 图图话话艺术教育·蛋糕老师

出版·发行 / 中国民主法制出版社
地址 / 北京市丰台区右安门外玉林里 7 号（100069）
电话 /（010）63055259（总编室） 63058068 63057714（营销中心）
传真 /（010）63055259
http: //www.npcpub.com
E-mail: mzfz@npcpub.com
经销 / 新华书店
开本 / 16 开 640 毫米 ×920 毫米
印张 / 12 字数 / 79 千字
版本 / 2021 年 4 月第 1 版 2021 年 4 月第 1 次印刷
印刷 / 唐山才智印刷有限公司

书号 / ISBN 978-7-5162-2184-6
定价 / 39.80 元

我叫王小强，自认是个达观的乐天派，虽不说事业有成，但也小有成绩，唯一的爱好就是研究法律，只因吃过不懂法的亏，也尝过以法律保护自己和身边朋友权益的成就感。

我所遇到过的纠纷，可能是你，也可能是他/她正在经历的纠纷，博学多思、古道热肠的我今天化身"普法男神"，让你远离法律盲区，为你保驾护航，让法律能够成为每一个人的合法武器！

侵 权 责 任 编

　　一个人来到人世的那一刻起，就意味着"责任"与"义务"也来到了他的身边。在工作和生活中，常常会出现这样那样的"侵权"行为。为了能够更好地保护受害者的权益，《中华人民共和国民法典》（以下简称《民法典》）侵权责任编问世了，它以从容优雅的姿态进入了人们的视野，并得到了很多人发自内心的首肯。

　　随着经济的发展和网络信息技术的不断进步，网络对大家的生活产生了极其重要的影响，随之而来的网络侵权事件也层出不穷。《民法典》侵权责任编对网络侵权责任作了明确规定，比如，受害者受到网友的攻击时可以向网站或者相关部门提出删除、屏蔽、断开链接等要求。

　　在生活中，人们经常会自愿参加一些带有风险的文体活动，但是，有时可能会因其他参加者的行为而受到损害。《民法典》侵权责任编考虑了这一点，明文规定了其他参加者不必承担责任，除非其对损害的发生存在故意或者重大过失。

这是一个物质与精神并存的时代，对知识产权的保护被提到了日程上。《民法典》侵权责任编新增了故意侵害他人知识产权的惩罚性赔偿，加大了对知识产权侵权行为的惩罚力度。

在购物的时候，我们常会遇到各种各样意想不到的侵权事件。《民法典》侵权责任编中很多条款都有力地保护了消费者的权益，比如，由于缺陷产品造成的损害要由相关人员进行赔偿，出售有问题的产品致他人受伤要进行惩罚性赔偿，流通于市场上的产品造成大范围损害时可以要求侵权人立即召回，并采取补救措施。

汽车在给我们的生活提供方便的同时，也产生了一系列问题，例如，道路交通事故就是其中比较严重的一类问题。《民法典》侵权责任编明文规定了交通事故损害赔偿顺序，又规定了在挂靠车辆出现交通事故时挂靠人和被挂靠人要共同承担责任，同时还给无偿搭乘事故提供了一个合情合理的处理方法。

看似安宁的小区里有时会发生"高空抛物"事件，这给人们的生活蒙上了一层阴影。由于一般无法查到具体的加害人，所以《民法典》侵权责任编明确规定遇到这种情形时可能加害的建筑物的使用人都要对受害者给予补偿。虽然这可能会导致"一人抛物，全楼买单"的现象，但是它从某种意义上极大保护了受害者的权益。

总而言之，《民法典》侵权责任编无时无刻不在影响着我们的生活、学习、工作等。

第六章　小心就医，远离医患纠纷

第七章　关爱环境，和污染说再见

第八章　高危作业，别把安全不当回事

第九章　动物致害，究竟谁有过

第十章　飞来横祸，谁是真正的"凶手"

私权**面前**，
人人**平等**。

第
一
章

1 教唆未成年人打伤他人，应由谁承担赔偿责任？

宇佳刚刚上小学二年级，他非常调皮，经常与同学吵架。有一天，他与同学小林在学校吵了一架，没过几天，小林带着他的同班好友小波和洋洋来到宇佳家附近，想找机会打宇佳，发现只有宇佳的弟弟宇刚在家，小林十分气愤，就教唆小波和洋洋把宇刚给打了，并且还高兴地喊着："叫你哥哥欺负我，你们尽管给我打，打狠点！"洋洋听了小林的话，抢起木棒就对宇刚狠狠地打去。幸好邻居王小强路过时看到了，他上前制止了他们，赶忙打了120，把宇刚送往了医院。

经医院诊断，宇刚头、胸、颈部等多处受伤，重度脑震荡，住院治疗1个月，共花费医疗、护理等费用5万元。出院后，宇刚的父母向人民法院起诉，要求小林、小波、洋洋的监护人赔偿住院医疗费、护理费和精神损失费。那么，在这起事故中，虽然未亲自动手但教唆未成年人打伤他人的小林，是不是也要承担赔偿责任呢？

小强说法

在这起纠纷中，未成年人小波和洋洋对宇刚施以暴行，这种做法很明显是错误的，他们要为此承担责任。《民法典》规定了教唆、帮助他人实施侵权行为也要承担一定的责任。所以，站在一边并没有动手的小林也是无法免责的，小林一直在旁边用语言鼓励、支持和唆使小波和洋洋进行暴力行为，致使宇刚受到严重伤害。而且，如果王小强没有及时赶到，恐怕后果会更为严重。但是，由于小林、小波和洋洋都是未成年人，所以他们的监护人要为其行为负法律责任，赔偿宇刚的所有医疗费、护理费等费用。

法典在线

《中华人民共和国民法典》第一千一百六十九条　教唆、帮助他人实施侵权行为的，应当与行为人承担连带责任。

教唆、帮助无民事行为能力人、限制民事行为能力人实施侵权行为的，应当承担侵权责任；该无民事行为能力人、限制民事行为能力人的监护人未尽到监护职责的，应当承担相应的责任。

两车相撞伤及第三人，应如何分配赔偿责任？

一个周末，王小强骑车回家的路上，不幸发生了车祸。当时，王小强正准备过交叉路口，突然间一辆大众轿车和面包车相撞，并偏离了原本的方向，撞倒了正骑着自行车的王小强，使其受到重伤。交警部门经检查发现，在车辆发生相撞时，驾驶这辆大众轿车的夫妇正有说有笑地聊天，驾驶面包车的司机超速行驶，所以才酿成这起车祸。与此同时，他们也受到不同程度的轻伤。这是一起两车相撞伤及第三人的交通事故，那么，遇到这种情形应该如何分配侵权责任呢？

本案例的焦点是两车相撞伤及第三人的责任应该由谁来承担的问题。

在这起交通事故中，驾驶大众轿车的夫妇一边聊天一边开车，导致注意力分散，所以他们没有尽到高度注意的义务。驾驶面包车的司机在经过交叉路口时，依然超速前进而没有减速慢行，所以他对车祸的发生也存在一定的过错。《民法典》对机动车发生交通事故造成损害的赔偿情况有明确规定，认为此时应该依照道路交通安全法律和本法有关规定承担赔偿责任。所以，机动车发生交通事故时，道路交通安全法规定谁有过错谁担责，倘若双方都有过错，那么，双方就得共同承担责任。所以，由于这对夫妇和面包车司机都存在一定的过错，他们应当共同承担责任。

与此同时，《民法典》对二人以上分别实施侵权行为造成同一损害的情形作了规定，如果每个人的行为足以造成全部损害的，行为人承担连带责任；如果能够确定责任大小的，各自承担相应的责任；如果难以确定责任大小的，就平均承担责任。很显然，在这起事故中，由于这对夫妇和面包车司机分别实施侵权行为，导致王小强受到严重创伤。根据当时的情形，这对夫妇与面包车司机原本素不相识，只是由于偶然的因素使两车相撞，导致王小强重伤的后果。由此可见，双方根本没有共同的故意或过失，但是王小强的损失却是由他们共同造成的，所以，可以认定这对夫妇与面包车司机的行为属于共同侵权。但是，交通管理部门暂时无法确定他们的责任大小，因此，他们应该平均承担责任。

法典在线

《中华人民共和国民法典》第一千一百七十二条 二人以上分别实施侵权行为造成同一损害，能够确定责任大小的，各自承担相应的责任；难以确定责任大小的，平均承担责任。

《中华人民共和国民法典》第一千二百零八条 机动车发生交通事故造成损害的，依照道路交通安全法律和本法的有关规定承担赔偿责任。

3 不小心触碰高压线遭电击致残，电力公司是否承担赔偿责任？

　　王小强的哥哥王小东是一个钓鱼爱好者。有一天，王小东约王小强一起去钓鱼。不巧，王小强有事去不了，只叮嘱哥哥："若是去郊外的那个鱼塘，附近有高压线，一定要注意安全！"王小东独自来到郊外的鱼塘，鱼塘电线杆上的警示牌写着红色大字"高压危险，请勿垂钓""高压危险，请注意与高压带电导线保持3米以上的安全距离"等，可是王小东却不以为意。

　　王小东发现了一个鱼群聚集的位置，但是那个位置由于修路垫得比较高，高压线离地面比较近。王小东犹豫了一会儿，还是决定在此处钓鱼。当他正高兴地钓鱼时，一不小心将鱼竿碰到了高压线上，由于鱼竿是导电的材质，王小东当场就失去了知觉，昏了过去。幸好，附近的路人发现了他，将他迅速送往了医院。王小东虽然已经没有生命危险了，可是却造成了右臂截肢、全身多处损伤的严重后果。王小东认为电力公司应该赔偿自己的医药费、残疾赔偿金等损失，将其起诉至人民法院。那么，电力公司是否要承担赔偿责任呢？

小强说法

在本案例中，王小东在去钓鱼前王小强就对他进行了一番嘱咐，当他到达鱼塘时也看到了电线杆上的警示牌。王小东作为一个成年人，他应该知道在高压线下钓鱼是很危险的。而且，他钓鱼的时间是在白天，天气晴朗，视线也非常好，他完全可以到没有高压线的地方钓鱼。然而，他却要选择一个高度危险的地方。所以，王小东在这起事故中犯有重大过错，应该承担主要责任。

电力公司作为事发高压线路的责任单位，在高压线离地面比较近，存在一定安全隐患的情况下，没有及时处理，在一定程度上导致了这起事故的发生。所以，电力公司必须承担一定的法律责任。

《民法典》有"减轻侵权人责任"的规定，这种情况一般是受害者对事故的发生或者扩大存在一定的过错。由此可见，在发生事故后，侵权人并不一定要赔偿被侵权人的所有损失。如果被侵权人本身存在一定的过错，那么，便可以减轻侵权人的赔偿责任。在这起事故中，王小东对自己的安全负有高度注意的义务，他的鲁莽行为导致灾祸的发生，那么，基于这个原因应该适度减轻电力公司的侵权责任。

法典在线

《中华人民共和国民法典》第一千一百七十三条　被侵权人对同一损害的发生或者扩大有过错的，可以减轻侵权人的责任。

4 演员在拍戏时受伤，可否要求赔偿？

王小强的同学许嫣是个演员。最近，她在拍摄电视剧时被同事不下心打伤，她郁闷至极，便找王小强诉苦。原来，许嫣的所在单位丽美影视公司要拍摄一部古装武侠电视剧。根据剧情需要，导演安排演员林海与王小志二人共同击打许嫣的身体。在拍摄前，导演再三叮嘱千万不要伤害到对方。在排练时，三人一起进行了几次演示，都没有出现任何意外情况。可是，在实际拍摄时，林海与王小志都没有按排练时的力度击打许嫣，结果使其受到重伤。遇到这种情况，许嫣是否可以要求对方赔偿自己的损失呢？

小强说法

本案例涉及自甘风险的问题。那么，什么是自甘风险呢？自甘风险也就是危险的自愿承担，是指受害人自愿参加一些有风险的文体活动，因某些参加者的行为受到损害的，受害人不可以要求其承担一定的责任，但是如果某些参加者的行为对损害存在着故意或者重大过失的除外。

虽然击打许嫣是出于剧情的需要，但是导演只是让林海、王小志对许嫣进行击打行为，并且还要求二人以"不伤害对方"为准则。可是，林海和王小志在拍摄过程中没有按演示的力度击打许嫣，结果导致许嫣重伤。本来，演员参与表演是出于自愿，根据剧本安排可能会要求演员进行一些对他人有损害风险的举动，而且要求被攻击人自愿承担一切后果。但是，需要注意的一点是，自甘风险并不适用于任何情况，如果行为人存在故意或重大过失的情形就另当别论了。当然，影视表演为了追求效果的逼真，需要演员承担一定的风险，但是相关行为人一定要尽到谨慎注意的义务，如果违反注意义务并存在一定的过错，而且当这一过错达到故意或重大过失的程度，就不可以以自甘风险为理由拒绝承担责任。林海和王小志二人听从导演的指令击打许嫣，其真实性要求也只是在于击打行为而非结果，因此，他们造成许嫣受伤的行为早已超出法律规定的限度，存在重大过失，不能以自甘风险为理由而使其免除责任，而应该赔偿许嫣的所有损失。

法典在线

《中华人民共和国民法典》第一千一百七十六条　自愿参加具有一定风险的文体活动，因其他参加者的行为受到损害的，受害人不得请求其他参加者承担侵权责任；但是，其他参加者对损害的发生有故意或者重大过失的除外。

活动组织者的责任适用本法第一千一百九十八条至一千二百零一条的规定。

5 "自助"行为"过头",是否赔偿受害者的损失?

顺丽湾养殖海区因环境整改的原因,一下荒废了两年,其间一直也没有人管理。于是,王小强的同学宋向云和其他几家养殖户借机就在顺丽湾养殖海区设置了养殖筏架。可是,没过半年,街道办事处将这一海区承包给了郭芙。很快,郭芙便带人撤下养殖户大约300多个养殖筏架。宋向云知道后很气愤,他向王小强进行了法律咨询,然后联合其他养殖户将郭芙告上了法庭,请求他赔偿他们所有的经济损失。那么,宋向云等人的请求能够得到人民法院的支持吗?

小强说法

本案例涉及法律上的自助行为。那么,什么是自助行为呢?所谓的自助行为,是指权利人为了保护自己的合法权益，在紧迫而又不能获得国家机关及时救助的情况下，对他人的财产或者自由在保护自己合法权益的必要范围内采取一定的措施，比如，扣押、拘束等，而且这也是法律或社会公德都认可的一种行为。

在本案例中，郭芙确实具有该海区的合法承包经营权，而宋向云和其他养殖户也确实没有对该海域的合法使用权利，可是他们却在此设置了养殖筏架，该行为妨害了郭芙对该海区行使承包经营权，构成了对郭芙的合法权利的分割。然而，本案的情形并不符合采取自助行为的条件。因为当时的情形并不十分紧迫，在此种情形下，郭芙有充分的时间通过法律手段排除宋向云等人对个人权利的分割，而绝对不允许私自采取"自我保护"措施，同时他所采取的手段也是非常不得当的。

郭芙的所作所为绝对不是对自身权利的合法保护，反而已经大大地超过正当保护的界限，对养殖户的财产造成了极其严重的损害。总而言之，郭芙必须为自己的鲁莽行为付出一定的代价，他必须赔偿养殖户相应的经济损失。

法典在线

《中华人民共和国民法典》第一千一百七十七条　合法权益受到侵害，情况紧迫且不能及时获得国家机关保护，不立即采取措施将使其合法权益受到难以弥补的损害的，受害人可以在保护自己合法权益的必要范围内采取扣留侵权人的财物等合理措施；但是，应当立即请求有关国家机关处理。

受害人采取的措施不当造成他人损害的，应当承担侵权责任。

新法亮点

《民法典》第1177条是对自助行为的规定。原侵权责任法没有规定自助行为，但是本编却将其作为免责事由予以规定。

进行自助行为绝对不是纵容他人为所欲为，而是有一定的前提条件：其一，行为人的合法权益受到他人的侵害；其二，情况紧迫且无法及时获得国家机

关保护；其三，不立即采取措施其权益将会受到无法
弥补的巨大损害；其四，在保护自己合法权益的必要
范围内，对侵权人实施扣留财产或者限制人身自由的
行为。

真诚赔偿，
为过失买单。

第
二
章

1 因交通事故而死亡，是否可以"同命不同价"?

最近，王小强的发小李桢因车祸去世了。因赔偿不公的情况，李桢的妻子找到王小强咨询赔偿问题。

李桢农民出身，一直在城里打工，某天下班后，李桢与单位同事王海、黄林一起坐公交车回家。可是，这辆公交车在中途与一辆大卡车相撞造成车祸，李桢、王海、黄林三人不幸当场死亡。李桢、王海、黄林的家属向人民法院提出诉讼，请求赔偿丧葬费、死亡赔偿金、精神抚慰金等损失。于是，这辆公交车所在的单位对城镇户口的王海、黄林的家人各赔偿50万元，而李桢的家人只得到10万元的赔偿金。对此，李桢的家人表示不服，将该公交车所属单位告上了法庭。那么，在同一起交通事故中是否可以"同命不同价"呢？

小强说法

在交通事故中，常常会出现"同命不同价"的现象，这让很多人难以理解。基于"人人平等""城乡平等"的原则，《民法典》规定在多人死亡的交通事故中，可以以相同数额确定死亡赔偿金。这一规定明确了在处理一些重大交通事故、矿山事故时可以不考虑年龄、收入状况等因素，以同一数额确定受难者的死亡赔偿金，尽量做到同命同价的赔偿原则。在这起事故中，公交单位进行赔偿时是以受害人的户口为依据，采用不同的标准，结果造成了同命不同价，这不符合《民法典》的规定，公交车所属单位应该依据法律规定对同一起事故中的受害者进行相同的赔偿，虽然李桢为农村户口，也要以城镇标准来进行赔偿。

法典在线

《中华人民共和国民法典》第一千一百八十条 因同一侵权行为造成多人死亡的，可以以相同数额确定死亡赔偿金。

新法亮点

随着经济的发展，人民的生活水平得到了很大的提高，很多地方城乡差距也越来越小，有关赔偿标准的差异也越来越小甚至趋同。所以,《民法典》规定对同一侵权行为造成多人死亡的情形适用统一的标准来计算死亡赔偿金,这种做法体现了对城镇居民与农村居民生命价值的同等尊重,具有良好的社会效果。虽然立法用语使用的是"可以",而不是"应当",但是在实际上大多都偏向于统一计算。

2 未经允许利用名人照片进行宣传，是否需要担责？

刘力是王小强的大学同学，现在是一个小有名气的歌手。最近，他遇到了一点儿烦心事，找王小强来诉苦。原来，刘力曾经在为一款轿车代言时拍摄过一张在大海边张开双臂的照片。他最近发现，这张照片被用于荣国医院宣传治疗男性病的广告上，网络及纸质宣传单上均使用了这张照片。刘力从未授权这家医院使用自己的照片，对此极为不满。他向王小强咨询了一些法律问题，王小强认为，没有经过本人允许利用其照片进行广告宣传是要承担法律责任的。于是，刘力便将这家医院告上法庭，要求其赔偿对自己造成的侵权损失。可是这家医院却认为，所用照片上的刘力是充满活力的，他们并没有丑化、贬损或侮辱肖像权人的人格。那么，荣国医院未经允许利用名人照片进行宣传，是否要为此承担法律责任呢？

小强说法

在本案例中，荣国医院没有得到刘力的同意私自运用其照片进行广告宣传，在一定程度上侵犯了刘力的肖像权。根据法律规定，如果公民的肖像权受到侵害，有权要求停止侵害、消除影响、赔礼道歉，并可以要求赔偿相关损失。所以，当刘力发现自己的照片被他人私自用以宣传时，是完全可以向对方提出赔偿损失的要求的。在《民法典》中，明确地规定了对他人人身权益造成严重的精神损害的，被侵权人可以要求精神损害赔偿。所以，由于刘力受到了严重的精神伤害，他完全可以向荣国医院提出赔偿精神损失的要求。

与此同时，刘力是小有名气的歌手，运用他的照片进行广告宣传肯定会带来一定的收益。关于侵害他人人身权益造成财产损失的赔偿情况，《民法典》规定得更切合实际、更人性化，它规定可以按照受害者的损失赔偿，也可以按照侵权人由此获得的利益赔偿。而且，如果双方对赔偿数额无法协商一致时，可以交由人民法院来确定。总之，刘力完全可以根据自己所受经济利益损失的范围要求对方赔偿，也可以按照荣国医院因此所获得的利益来请求赔偿。

法典在线

《中华人民共和国民法典》第一千一百八十二条　侵害他人人身权益造成财产损失的，按照被侵权人因此受到的损失或者侵权人因此获得的利益赔偿；被侵权人因此受到的损失以及侵权人因此获得的利益难以确定，被侵权人和侵权人就赔偿数额协商不一致，向人民法院提起诉讼的，由人民法院根据实际情况确定赔偿数额。

《中华人民共和国民法典》第一千一百八十三条　侵害自然人人身权益造成严重精神损害的，被侵权人有权请求精神损害赔偿。

因故意或者重大过失侵害自然人具有人身意义的特定物造成严重精神损害的，被侵权人有权请求精神损害赔偿。

3. 购物时遇到强行搜身，可以要求精神损害赔偿吗？

　　薛丽独自一人去超市购物，在结完账准备离开时，店门口的防盗警报器突然响了起来。超市的工作人员立即上前将她团团围住，并把她拉到警报室，强行打开了她的手提包，对包内的物品进行一一检查，还对薛丽强行进行了搜身，最后，工作人员确认是一瓶洋酒触发了防盗警报。薛丽解释道，这瓶洋酒是在另外一个大超市里购买的。经仔细核实，工作人员承认这瓶洋酒不是本超市的商品，但是，他们对强行搜身的行为没有任何表示。回到家中后，薛丽感到很委屈，向王小强说了这件事。王小强得知后，非常气愤，他毫不犹豫地将这家超市告上了法庭，请求为搜身行为赔偿薛丽的精神损失。那么，顾客在购物时遇到强行搜身，是否可以请求精神损害赔偿呢？

小强说法

在本案例中，这家超市的做法是很难得到大家的认同的，该搜身行为给消费者留下了极为不良的印象，而且还让薛丽的内心蒙上了一层阴影。由于对薛丽的伤害比较大，她本人是完全可以向人民法院请求超市对自己进行精神损害赔偿的。因为在《民法典》中有规定，被侵害人受到严重的精神伤害时，可以提出精神损害赔偿的要求。

薛丽作为这起事件的受害者，由于侵权人的行为给她心理上带来相当大的伤害，同时造成很大的压力，她是完全可以要求超市停止侵害、消除影响、恢复名誉、赔礼道歉的。

在经营场所，其经营者、管理者或者群众性活动的组织者有保障他人人身安全的义务，倘若造成他人损害就应当承担侵权责任。薛丽在这家超市购买物品时，该超市有对其进行安全保障的义务。但是，这家超市并没有尽到安全保障义务，相反，还对顾客进行毫不客气的搜身，结果导致其精神受到严重伤害。所以，这家超市必须为自己的行为承担法律责任。

法典在线

　　《中华人民共和国民法典》第一千一百六十七条　侵权行为危及他人人身、财产安全的，被侵权人有权请求侵权人承担停止侵害、排除妨碍、消除危险等侵权责任。

　　《中华人民共和国民法典》第一千一百八十三条　侵害自然人人身权益造成严重精神损害的，被侵权人有权请求精神损害赔偿。

　　因故意或者重大过失侵害自然人具有人身意义的特定物造成严重精神损害的，被侵权人有权请求精神损害赔偿。

　　《中华人民共和国民法典》第一千一百九十八条　宾馆、商场、银行、车站、机场、体育场馆、娱乐场所等经营场所、公共场所的经营者、管理者或者群众性活动的组织者，未尽到安全保障义务，造成他人损害的，应当承担侵权责任。

　　因第三人的行为造成他人损害的，由第三人承担侵权责任；经营者、管理者或者组织者未尽到安全保障义务的，承担相应的补充责任。经营者、管理者或者组织者承担补充责任后，可以向第三人追偿。

4 玩游戏被封停，是否可以向网络公司索赔？

一个周末，王小强在玩游戏时使用了按键精灵，游戏平台——倍倍网络公司认为王小强私自使用了第三方非法辅助程序，修改了游戏软件客户端程序的数据，冻结了王小强名下所有账号。后来，王小强在网吧上网时发现了这一情况。他认为，自己的所有账户被封，既不能享受会员福利，也不能使用游戏道具，严重影响了自己在游戏中的虚拟财产。而且，在网络公司封号期间耽误了游戏的升级并拖累了朋友，大大地影响了朋友之间的友谊，此前为升级并花费的时间也白白地浪费了，自己受到巨大的精神伤害，所以，他将倍倍网络公司告上了法庭。那么，玩游戏被封停到底能不能向网络公司索赔呢？

小强说法

倍倍网络公司作为游戏平台的管理者，只享有在服务器上保存游戏数据的权利，但是，没有随意非法修改、删除、封停的权利。而且，按键精灵只是一种代替键盘和鼠标的操作硬件程序，在网上是可以合法制作和下载的，并不是非法的软件程序。在本案例中，王小强和网络公司并没有明确约定不能使用按键精灵。所以，倍倍网络公司不经同意擅自冻结王小强的游戏账号是没有法律依据的，这种行为已经极大地侵犯了王小强的合法权益，应当承担相应的侵权责任。

这个案例还涉及侵犯网络虚拟财产权的问题。《民法典》规定，网络虚拟财产受到法律保护，如果侵害他人的网络虚拟财产，侵权人应该为自己的行为负责，要赔偿被侵权人的损失。而且，《民法典》中还灵活地规定了个人财产受到损害时具体应该如何赔偿。一般情况下，财产损失按照损失发生时的市场价格计算，但是特殊情况可以按照其他合理方式来计算。需要注意的一点是，这个案例中的网络游戏账号及账号内的虚拟财产并不是传统意义上的流通于市场的商品，它的价值也无法通过损失发生时的市场价格来计算。所以，它可以运用其他合理的方式计算，也就是说，可以结合网络虚拟财产的特有属性、网络游戏账号运行时间与财产投入及获得装备状况等情况来确定要赔偿多少钱。很显然，这样的计算方式既全面又合理，对受害人来讲是非常有利的。

《民法典》规定，侵害他人人身权益造成严重精神损失要承担赔偿责任。倍倍网络公司的做法影响了王小强与朋友之间的友情，由于辛苦升级而白白浪费了很多时间，这也给王小强造成了一定的心理压力，所以，倍倍网络公司应该对其给予一定的精神损害赔偿。

法典在线

《中华人民共和国民法典》第一千一百八十三条 侵害自然人人身权益造成严重精神损害的，被侵权人有权请求精神损害赔偿。

因故意或者重大过失侵害自然人具有人身意义的特定物造成严重精神损害的，被侵权人有权请求精神损害赔偿。

《中华人民共和国民法典》第一千一百八十四条 侵害他人财产的，财产损失按照损失发生时的市场价格或者其他合理方式计算。

新法亮点

原侵权责任法第 19 条规定，侵害他人财产时，财产损失要按照损失发生时的市场价格或者其他方式计算。《民法典》第 1184 条在此基础上新增了"合理"二字。据此，在一般情况下，财产损失应该按照损失发生时的市场价格计算。然而，如果以市场价格计算不合理或者市场价格不存在时，那么，可以采用其他合理的方式来计算。这一补充具有很大的伸缩性，对于维护受害者的利益是很有帮助的。

5 被他人侵害知识产权，是否可以要求惩罚性赔偿？

王小强最近发现某报纸上一篇文章的内容与自己曾经发表过的文章基本一致。于是，他联系文章作者询问具体情况，该作者拒不承认抄袭。王小强对此十分疑惑，等他再打电话找该作者时，电话已经无法接通。王小强很苦恼，他不知道根据《民法典》的相关规定，是否可以要求该作者给予惩罚性赔偿呢？

小强说法

在本案例中，某作者抄袭王小强的文章明显属于故意侵害他人知识产权的行为，据王小强仔细检查发现，该作者发表的这篇文章与自己的基本一致，由此可见这不是一般意义上的侵权，情节比较严重。而且，该作者的态度极其恶劣，对此根本就不以为意。

《民法典》规定，侵害他人知识产权情节严重的

可以请求对方给予相应的惩罚性赔偿。我国惩罚性赔偿最早适用于消费者权益保护、食品安全以及商品房买卖合同领域，但是一直没有涉及知识产权领域。《民法典》将惩罚性赔偿应用于知识产权领域，鼓励受害者拿起法律武器保护自身权益，这对制裁不法行为人以及遏制未来可能会发生的侵权行为是十分有利的，而且还能够充分发挥法律的威慑作用。当然，本条与一般的"填平式"赔偿责任不同，惩罚性赔偿的数额一般都会大大地超出受害者的实际受损状况。

法典在线

《中华人民共和国民法典》第一千一百八十五条　故意侵害他人知识产权，情节严重的，被侵权人有权请求相应的惩罚性赔偿。

新法亮点

原侵权责任法只规定了产品责任的惩罚性赔偿，并没有规定其他情形的惩罚性赔偿。《民法典》第1185条新增了故意侵害他人知识产权的惩罚性赔偿，这在一定程度上加大了对知识产权侵权行为的惩罚力度。但是，倘若只是因为过失侵害他人知识产权则不适用惩罚性赔偿条款，那么，只有在情节比较严重时才可以请求相应的惩罚性赔偿。

特殊**事件，**
特殊**规定**。

第
三
章

幼儿园的孩子弄伤同学，责任谁来担？

王小强的朋友李美琪有个女儿名叫佳佳。有一天，幼儿园放学时，佳佳与同学元元为抢夺玩具争吵了起来。老师闻声拉开二人，而且还没收了玩具。可是，元元趁佳佳不注意时使劲将她推倒了，结果致使佳佳头部受伤，一下子缝了十几针。李美琪找王小强进行法律咨询，然后将元元的家长和幼儿园一起告上了法庭。那么，在这起幼儿园事故中，该由谁来为佳佳的受伤负责呢？

小强说法

这是一起较为常见的学生人身伤害事故。之所以会出现这样的情况，主要是因为元元没有遵守幼儿园里的规章制度，趁佳佳不注意时将其推倒，致使其受到非常严重的伤害。《民法典》中规定，无民事行为能力人造成他人损害时，其监护人承担侵权责任。所以，元元的父母要为这起事故承担责任。

与此同时，《民法典》规定了受托人应该承担责任的情形，监护人出于信任将职责委托给他人，受托人如果存在过错，就得为此承担责任。老师在孩子吵架时，只是将其拉开了事。由此可见，其根本就没有想到后面会发生的事情，没有尽到注意的义务，才导致了佳佳受伤，因此，老师作为受托人肯定存在过失，应该为这起事故承担责任。

孩子在幼儿园学习、生活时受到损害，如果幼儿园能够证明自己已经尽到教育、管理职责的，可以不必承担侵权责任。可是，在本案例中，幼儿园并没有尽到教育与管理的职责，老师在看到孩子争吵后没有妥善、及时地处理，是无法适用免责条款的。

法典在线

《中华人民共和国民法典》第一千一百八十八条　无民事行为能力人、限制民事行为能力人造成他人损害的，由监护人承担侵权责任。监护人尽到监护职责的，可以减轻其侵权责任。

有财产的无民事行为能力人、限制民事行为能力人造成他人损害的，从本人财产中支付赔偿费用；不足部分，由监护人赔偿。

《中华人民共和国民法典》第一千一百八十九条 无民事行为能力人、限制民事行为能力人造成他人损害，监护人将监护职责委托给他人的，监护人应当承担侵权责任；受托人有过错的，承担相应的责任。

《中华人民共和国民法典》第一千一百九十九条 无民事行为能力人在幼儿园、学校或者其他教育机构学习、生活期间受到人身损害的，幼儿园、学校或者其他教育机构应当承担侵权责任；但是，能够证明尽到教育、管理职责的，不承担侵权责任。

2 醉酒者将他人打伤，是否可以免责？

　　王小强从单位刚出来，迎面碰上了醉酒的男子王方。王方拦住王小强，问道："喂，你有没有烟？给我一支吧。"王小强看到对方喝醉了，所以他根本不想搭理。正当王小强犹豫之际，王方突然抓住他的衣领，往他的鼻子上打了一拳。然后，他又将王小强扑倒在地，二人开始撕打起来。过了一会儿，王方突然停了下来，王小强赶忙给派出所打了电话，就这样，王方被及时赶来的民警抓获了，王小强也被送往医院。经过医院检查发现，王小强鼻骨和鼻中隔骨折。事后，王小强将王方告上了法庭。那么，因为醉酒打人到底要不要承担法律责任呢？

小强说法

　　在本案例中，涉及醉酒可否让侵权人免责的问题。《民法典》对此作了规定，完全行为能力人因醉酒、滥用麻醉药品或者精神药品对自己的行为暂时没有意识或者失去控制造成他人损害时，必须承担一定的侵权责任。由于王方暂时无意识的行为是醉酒所致，而且他的行为还导致王小强受到严重的人身伤害，所以，王方虽然因醉酒伤人，但是醉酒不能成为其免责的理由。

治安管理处罚法又规定，醉酒的人违反治安管理的，应当给予处罚。人处于醉酒状态时，对本人有危险或者对他人的人身、财产或者公共安全存在一定的威胁，所以应该对其采取保护性措施约束至酒醒。如果造成他人损害，就要依法承担侵权赔偿责任。所以，王方必须为他醉酒时对王小强造成的伤害承担法律责任，赔偿王小强的所有损失。

酒后犯罪同样要受到法律的处罚，原因有这样几方面：其一，一个人在醉酒的状态下只是控制能力变弱了。也就是说，在醉酒的状态下，他对什么事情可以做，什么事情不可以做，在认识上依然是比较清楚的。其二，如果法律不规定酒后犯罪要承担刑事责任，那么，肯定会给那些借醉酒进行违法犯罪活动的人留下可乘之机，也会催生一些醉酒犯罪案件，给社会和他人带来更大的危害。所以我国刑法规定，"醉酒的人犯罪，应当负刑事责任"，而且醉酒绝对不可以成为从轻、减轻处罚的理由。

法典在线

《中华人民共和国民法典》第一千一百九十条 完全民事行为能力人对自己的行为暂时没有意识或者失去控制造成他人损害有过错的，应当承担侵权责任；没有过错的，根据行为人的经济状况对受害人适当补偿。

完全民事行为能力人因醉酒、滥用麻醉药品或者精神药品对自己的行为暂时没有意识或者失去控制造成他人损害的，应当承担侵权责任。

3 雇员因他人过失死亡，雇主和致害人应该如何赔偿？

王小强的好朋友林维波在李磊承包的建筑工地上工作。李磊租用了张子强的吊车施工，并由张子强亲自操作。某日下午，工人们突然发现吊车存在漏电情况，大家立马通知了张子强。张子强知道后，只是草草地检查了一下设备，然后又继续忙着施工了。傍晚，林维波在卸吊车吊上来的水泥时，不幸触电，最终因抢救无效而死亡。得知这个消息后，林维波的亲属在王小强的建议下将张子强和李磊一起起诉至人民法院。那么，作为受害者亲属是否可以要求雇主和致害人一起进行赔偿呢？

小强说法

在工作时，由于各种原因常常会发生侵权事件，比如，雇员在雇用期间受伤，那么，这时该由谁来承担赔偿责任呢？《民法典》对此种情形作了明文规定，由接受劳务一方承担侵权责任。

在本案例中，雇主李磊对雇员林维波的人身安全负有保护责任，雇员在工作中受伤，其雇主必须为此承担相应的责任。

但是，本案例还涉及关于第三人的赔偿责任问题。出于对这一点的考虑，《民法典》规定了由于第三人的行为造成雇员受到损害的赔偿责任。在此种情况下，受伤的雇员既可以向第三人请求承担赔偿责任，也可以向接受劳务一方请求赔偿。当然，他也可以在接受劳务补偿以后，再向第三人追偿。

也就是说，雇员在工作过程中受到第三人致害时，其雇主和第三人都应该承担一定的责任，但是二者承担责任的原因却是不同的。作为受害者，林维波的家属既可以就张子强的侵权行为向其要求赔偿，也可以就雇员和雇主之间的雇佣关系而向雇主要求赔偿。其实，张子强和李磊对林维波所负的责任，内容上是完全相同的。张子强作为最直接的侵权行为人，也是最终的责任承担者，所以，如果雇主李磊向林维波进行了赔偿，之后他还可以向事故的直接造成者张子强进行追偿。

法典在线

《中华人民共和国民法典》第一千一百九十二条　个人之间形成劳务关系，提供劳务一方因劳务造成他人损害的，由接受劳务一方承担侵权责任。接受劳务一方承担侵权责任后，可以向有故意或者重大过失的提供劳务一方追偿。提供劳务一方因劳务受到损害的，根据双方各自的过错承担相应的责任。

提供劳务期间，因第三人的行为造成提供劳务一方损害的，提供劳务一方有权请求第三人承担侵权责任，也有权请求接受劳务一方给予补偿。接受劳务一方补偿后，可以向第三人追偿。

4 网站发帖侵犯他人名誉权，被侵权人可以要求赔偿吗？

王小强到一家公司工作，刚一来就接管了新产品的销售管理工作。没过多久，公司的业务销量就得到了很大提高。这时，王小强发现公司网站的论坛上有人发帖诽谤自己，还给他扣上了许多不实的罪名，如收受回扣、泄露公司机密等，还骂他是个卑鄙无耻的小人，认为他是公司里"最清闲、最没有组织纪律的员工"。接着，又有人发帖要求"肃清公司蛀虫"，还有很多网友也对王小强进行了严厉的批评与谴责。看到网友们无情的攻击，以及周围同事奇怪的目光，王小强再也无法忍受了，因此他向领导提出辞职。后来，王小强多次要求公司澄清事实，可是公司根本不予理睬。无奈之下，王小强只好将该公司起诉至人民法院。那么，公司网站的网帖侵犯他人名誉权，被侵权人是否可以要求赔偿？

 **小强说法**

《民法典》对利用网络侵害他人民事权益的行为作了明确规定，要求网络用户和网络服务提供者必须为自己的行为承担责任。如果网络用户利用网络服务实施侵权行为，那么，权利人可以通知网络服务提供者采取删除、屏蔽、断开链接等必要措施。如果网络服务提供者没有采取相应的措施，那么，它也要同网络用户一起承担责任。在本案例中，被告公司作为网络服务的提供者建立了自己的网站，但它并没有尽到网络谨慎发帖义务，当发现论坛中有侮辱他人名誉的帖子时，既没有立刻删除，也没有立即与发帖人进行协商。所以，该公司和发帖人、跟帖者都要为自己的行为承担一定的责任。

与此同时，由于发布的帖子带有侮辱和诽谤的内容，而且侵权帖子长时间存在，这给王小强造成了极大的精神痛苦，也使得王小强的社会评价大幅度下降。由于王小强的精神受到严重伤害，他完全可以要求该公司和发帖人赔偿精神损失，有权要求对方停止侵害、恢复名誉、消除影响、赔礼道歉等。

法典在线

《中华人民共和国民法典》第一千一百九十四条 网络用户、网络服务提供者利用网络侵害他人民事权益的，应当承担侵权责任。法律另有规定的，依照其规定。

《中华人民共和国民法典》第一千一百九十五条 网络用户利用网络服务实施侵权行为的，权利人有权通知网络服务提供者采取删除、屏蔽、断开链接等必要措施。通知应当包括构成侵权的初步证据及权利人的真实身份信息。

网络服务提供者接到通知后，应当及时将该通知转送相关网络用户，并根据构成侵权的初步证据和服务类型采取必要措施；未及时采取必要措施的，对损害的扩大部分与该网络用户承担连带责任。

权利人因错误通知造成网络用户或者网络服务提供者损害的，应当承担侵权责任。法律另有规定的，依照其规定。

5 小孩在餐厅内的游乐场玩耍时摔伤，应该怎么办？

　　王小强的同学林苗苗带着 6 岁的女儿秦蝶到一家餐厅吃饭。在这家餐厅内有一个小型儿童游乐场，秦蝶刚一进来就跑到一个转台旁边玩耍。可是，由于转台一直在不停止地转动，秦蝶一不小心没有站稳，从站台上摔了下来。林苗苗看到后，急忙将秦蝶送往了医院。经诊断，秦蝶的手臂前段两根骨头移位骨折，并出现畸形情况。经过手术，秦蝶手臂的断骨得到了复原，但是仍然需要调养。短短几天时间，林苗苗一下子花去了 5 万多元。在秦蝶住院期间，王小强前来探望，他认为孩子在餐厅内玩耍时摔伤，可以向餐厅提出赔偿要求。秦蝶出院后，林苗苗将这家餐厅起诉至人民法院，要求其赔偿自己的经济损失。那么，小孩子在餐厅内的游乐场玩耍时受伤，餐厅到底要不要承担赔偿责任呢？

小强说法

本案例的焦点是，未成年人在餐厅内的游乐场受伤，餐厅是否要承担赔偿责任。

这家餐厅设立游乐场的目的是供前来就餐的孩子玩耍。虽然它并不属于公共娱乐场所，但它却是为了吸引顾客在餐厅消费而设置的。《民法典》规定，餐厅作为经营场所对待前来就餐的顾客一定要尽到安全保障义务，如果因没有尽到安全保障义务而造成他人损害，就应该承担一定的侵权责任。

本案例中，这家餐厅虽然开设了游乐场，但并未安排专人进行管理和看护，违背了其作为经营者必须承担的安全保障义务。无论是其根本没有意识到自己的义务所在，还是出于一时的粗心大意，轻信不可能会发生安全事故，这家餐厅本身都存在过错，它应该为没有尽到安全保障义务承担相应的法律责任。

与此同时，林苗苗作为秦蝶的监护人，具有看护、保障被监护人人身安全的义务，可是林苗苗并没有尽到自己的监护职责，所以她对这起事故的发生也存在一定的过错，也必须为此承担相应的责任。

法典在线

《中华人民共和国民法典》第一千一百九十八条 宾馆、商场、银行、车站、机场、体育场馆、娱乐场所等经营场所、公共场所的经营者、管理者或者群众性活动的组织者，未尽到安全保障义务，造成他人损害的，应当承担侵权责任。

因第三人的行为造成他人损害的，由第三人承担侵权责任；经营者、管理者或者组织者未尽到安全保障义务的，承担相应的补充责任。经营者、管理者或者组织者承担补充责任后，可以向第三人追偿。

6 学生在上体育课时受伤，学校要承担责任吗？

　　王小强的好朋友燕杰有个上初中的女儿，名叫燕雪。某个中午，燕雪在体育课上摔倒了，她对此不以为意，也没有将此事告诉体育老师，只是让同学搀扶着回到了教室。燕杰放学接孩子时见孩子受了伤，也以为只是个小问题，所以根本没有放在心上。可是到了第二天，燕杰发现女儿燕雪伤势加重，就立即将她送到了附近的妇幼保健医院。可惜为时已晚，燕雪摔伤时已经骨折，由于没有得到及时医治，骨头缺血坏死，最终没有完全康复，造成八级伤残。那么，在这种情况下，燕杰可以代表女儿要求学校对此承担侵权责任吗？

小强说法

　　在向学校进行索赔时要看学校是否有过错，一般主要看以下2个方面：

其一，学校是否尽到了谨慎照管的义务，其中包括是否安排学生开展危险性比较大的活动，是否在教学活动中进行了较为合理的照管。如果学校尽到了谨慎照管的义务，那么，学校就没有过错。其二，学校提供的教学设施、设备是否符合要求。

在本案例中，学生在上体育课时被同学搀扶回到教室的异常表现，并没有立即引起体育老师的注意，体育老师也没有采取措施对其给予及时救治。《民法典》中规定了无民事行为能力人和限制民事行为能力人在学习、生活中受到损害时，幼儿园、学校或其他教育机构能够证明自己已经尽到教育、管理职责的，不必承担侵权责任。也就是说，假如没有尽到教育、管理职责的，就必须承担侵权责任。很显然，这所学校的体育老师没有尽到谨慎照管的义务，所以该学校和体育老师都要承担一定的法律责任。

与此同时，作为家长在发现孩子的异常情况后并没有立刻带孩子去医院检查，说明其也存在监护失当的情形，也应该承担一定的法律责任。

法典在线

《中华人民共和国民法典》第一千一百九十九条 无民事行为能力人在幼儿园、学校或者其他教育机构学习、生活期间受到人身损害的，幼儿园、学校或者其他教育机构应当承担侵权责任；但是，能够证明尽到教育、管理职责的，不承担侵权责任。

《中华人民共和国民法典》第一千二百条 限制民事行为能力人在学校或者其他教育机构学习、生活期间受到人身损害，学校或者其他教育机构未尽到教育、管理职责的，应当承担侵权责任。

放心**消费**，
我的权益**我做主**。

1 热水器漏电致人死亡，应如何索赔？

王小强的朋友李刚购买了一台封闭式电热水器。第二天，李刚的妻子小美在厨房接热水时发现水并不热，她便让李刚去查看。当李刚的双手刚接触到电热水器外壳时，不幸发生触电。小美将李刚送到医院，但李刚经抢救无效而死亡。经医院检查发现，其死亡原因为电击伤导致的呼吸、心跳停止。相关检测中心检测后得出这样一个结论：该热水器绝缘性差，非带电金属部分存在漏电现象。小美认为，电器公司作为产品的销售者应该对这起事故承担赔偿责任。所以，她对这家电器公司进行起诉，要求赔偿自己的所有经济损失。那么，当遇到缺陷产品致人死亡时，受害者应该如何索赔才能够最大程度地保护自己的权益呢？

小强说法

《民法典》具体规定了因产品缺陷造成他人损害

的赔偿责任。如果购买的产品由于自身缺陷造成他人人身损害，受害者既可以向产品的生产者请求赔偿，也可以向产品的销售者请求赔偿。在本案中，李刚的死亡是由有缺陷的热水器导致的，所以小美既可以向该热水器的生产者请求赔偿，也可以向该热水器的销售者请求赔偿。

在《民法典》中有"减责"的规定，倘若受害者对损害的发生与扩大存在重大过失，可以适当地减轻对方的侵权责任。很显然，在这起事故中，被害人李刚并不存在任何过错，所以不能减轻侵权人的责任。

法典在线

《中华人民共和国民法典》第一千二百零三条 因产品存在缺陷造成他人损害的，被侵权人可以向产品的生产者请求赔偿，也可以向产品的销售者请求赔偿。

产品缺陷由生产者造成的，销售者赔偿后，有权向生产者追偿。因销售者的过错使产品存在缺陷的，生产者赔偿后，有权向销售者追偿。

2 面粉运输途中受潮变坏，吃坏肚子由谁赔偿？

　　薛丽在粮油批发市场买了一袋面粉。中午时，她用该面粉做了面条，可是全家人吃后就开始拉肚子，于是一家人来到医院检查治疗，并花费了一大笔钱。对此，薛丽很气愤。之后，她将该粮油批发市场的面粉销售者起诉至人民法院。接着，她又向面粉的生产者提出赔偿要求。最终，她得到了比较合理的回应。可是，经检查发现，该面粉是在运输途中受了潮才发生变质。那么，该面粉的运输者是否也要承担一定的法律责任？

小强说法

　　在本案例中，薛丽买回的面粉致使全家人食用后都拉肚子，并造成了比较严重的损害。作为受害者，她是有权利向生产者和销售者要求赔偿的。《民法典》中规定了缺陷产品致害的赔偿情况，作为受害者有充分选择的权利，既可以向生产者提出赔偿要求，也可以向销售者提出赔偿要求。

需要说明的一点是，造成产品缺陷的原因还有可能是运输者、仓储者等第三人的过错，当产品的生产者、销售者向受害人进行赔偿后，他们也可以向第三人追偿。薛丽向生产者和销售者都要求了赔偿，这种做法是非常正确的。但是，该面粉因运输途中受潮而变质，这是由于运输者的过错造成的，基于这个原因，在生产者和销售者向薛丽进行赔偿后，他们完全可以要求运输公司对自己的损失进行相应的赔偿。

法典在线

《中华人民共和国民法典》第一千二百零三条 因产品存在缺陷造成他人损害的，被侵权人可以向产品的生产者请求赔偿，也可以向产品的销售者请求赔偿。

产品缺陷由生产者造成的，销售者赔偿后，有权向生产者追偿。因销售者的过错使产品存在缺陷的，生产者赔偿后，有权向销售者追偿。

《中华人民共和国民法典》第一千二百零四条 因运输者、仓储者等第三人的过错使产品存在缺陷，造成他人损害的，产品的生产者、销售者赔偿后，有权向第三人追偿。

3. 同型号水泥出现问题，可以要求厂家召回其他水泥吗？

王小强在老家刚刚盖了新居，在装修房子时发现，从黎明水泥厂购买的水泥出现发霉、无法凝固的现象。于是，王小强立马联系了这家水泥厂，最后水泥厂对王小强给予了相应的赔偿。该村的很多人都购买了黎明水泥厂同一型号的水泥，他们也发现了同样的问题，所以他们都希望这家水泥厂能够召回有问题的水泥。那么，当同一型号的水泥出现问题后，受害者是否可以要求厂家召回其他水泥？

小强说法

在本案例中，王小强在装修房子时发现黎明水泥厂的水泥存在质量问题，存在发霉、无法凝固等现象，他及时地与水泥厂进行了沟通，水泥厂也及时地给予了一定的赔偿。这种做法是值得肯定的。

与此同时，该村的很多人也购买了同一型号的水泥，结果发现了同样的问题。由此可知，这种型号的水泥对很多人都造成了损害，其损害程度已经非常严重了。那么，当很多人都购买到同一缺陷产品时，他们要怎样做才可以将自己的损害降到最小呢？

《民法典》规定了当产品存在缺陷而造成他人损害时，受害者既可以向产品的生产者请求赔偿，也可以向产品的销售者请求赔偿。《民法典》充分保障他人的权益，也考虑侵权人可能会因赔偿他人损害背上沉重的经济包袱，所以它又规定了，如果产品缺陷是由于生产者造成的，销售者在赔偿之后可以向生产者追偿，反之，如果产品缺陷是由于销售者造成的，生产者在赔偿之后可以向销售者追偿。同时它也规定了，如果由于产品缺陷致损，受害者可以要求生产者、销售者承担停止侵害、排除妨碍、消除危险等责任。而且，产品在流通过程中出现严重损害时，生产者、销售者应当采取相应的补救措施，倘若未及时采取补救措施而扩大损害的范围时，就必须承担相应的责任。总而言之，同村的水泥购买者有权要求黎明水泥厂召回有问题的水泥，并对自己的损失进行合理赔偿。

法典在线

《中华人民共和国民法典》第一千二百零五条 因产品缺陷危及他人人身、财产安全的，被侵权人有权请求生产者、销售者承担停止侵害、排除妨碍、消除危险等侵权责任。

《中华人民共和国民法典》第一千二百零六条 产品投入流通后发现存在缺陷的，生产者、销售者应当及时采取停止销售、警示、召回等补救措施。未及时采取补救措施或者补救措施不力造成损害扩大的，对扩大的损害也应当承担侵权责任。

依据前款规定采取召回措施的，生产者、销售者应当负担被侵权人因此支出的必要费用。

新法亮点

缺陷产品的主动召回对保护消费者的合法权益、减少消费者的损失是极为有利的。与此同时，缺陷产品的主动召回可以减轻行政主管机关的工作压力，还可以保障生产者的信誉和品牌建设。虽然这种做法暂时会给生产者增加一定的成本和信誉风险，但是从长远的角度来看，生产者因此收获的信誉与评价却是无法用金钱来衡量的。作为生产者，一定要关注产品的后续跟踪服务，关注消费者的信息反馈，如果自己的产品确实出现一些问题，一定要及时主动地召回，将损失降到最小。《民法典》明确了缺陷产品召回的多个细节，能够有效倒逼生产者提高产品质量、完善售后服务，是健全市场经济制度、维护消费者权益的有力举措。

4 明知商品有问题还销售，由此
造成的伤害能否要求加倍赔偿？

　　薛丽在逛超市时看到一个高压锅很便宜，就向销售人员咨询。销售人员坦白地对她说："这个锅有点儿小毛病，但不影响使用。"薛丽觉得挺划算，所以就买了这个高压锅。薛丽一回家就尝试着用这个高压锅煮饭，可是高压锅突然发生了爆炸，导致她受到严重伤害。幸运的是，她的丈夫王小强及时发现并将她送往医院，才让她免于生命危险，但也给她造成了严重的二级伤残。薛丽在医院治疗了整整2个月，共计花费了6万多元。事后，王小强找到这家超市理论，可是对方认为自己已经提前说明了情况，造成伤害不应该是他们的过错。无奈之下，薛丽将这家出售"问题产品"的超市告上了法庭，要求对方对自己的损失进行加倍赔偿。那么，这家超市明知产品有问题还销售，受害者是否可以要求加倍赔偿呢？

在本案例中，薛丽在购买高压锅时销售人员告诉她这个高压锅有问题但不影响使用，可是她在回家使用时却发生了爆炸，还将自己炸成了重伤。很显然，这家超市是明知这个高压锅有问题的，可还是将其销售出去。结果，令贪图小便宜的薛丽在爆炸事故中受到重伤。《民法典》保护消费者的权益，所以它给了消费者自由选择的权利。在超市或商场如果购买到有缺陷的商品并且造成损害时，受害者完全可以向生产者或销售者要求赔偿。薛丽买到有缺陷的产品而使自己受到伤害，她完全可以向高压锅的生产者要求赔偿。当然，她也可以向产品的销售者要求赔偿。

《民法典》规定，对明知产品存在缺陷仍然生产、销售而造成他人死亡或者严重损害的行为进行惩罚性赔偿。这家超市明知道商品存在缺陷还销售，对此造成的严重后果应该由超市承担惩罚性赔偿责任。

《中华人民共和国民法典》第一千二百零七

条　明知产品存在缺陷仍然生产、销售，或者没有依据前条规定采取有效补救措施，造成他人死亡或者健康严重损害的，被侵权人有权请求相应的惩罚性赔偿。

遵守**交规**，
莫让事故**伤了你**。

第
五
章

1 没有过户的车子出现交通事故，由谁来承担责任？

　　王小强的同学林琼遇上车祸被撞成重伤。原来，王飞买了一辆运货的大卡车，没过多久他又将大卡车转手卖给了王宇，王宇开了大约有半年时间又将它卖给了陈奇，但是都没有办理过户手续。一天傍晚时分，陈奇正开着大卡车准备回家，可是一不小心撞上了骑着电动车的林琼。陈奇吓坏了，当他看到林琼伤势严重，就赶忙逃往外地去了。伤好后，林琼便将王飞和陈奇一起告上了法庭，要求他们共同承担自己的经济损失。那么，没有过户的车子出现交通事故后，到底应该由谁来承担责任呢？

小强说法

　　此案例的焦点是未过户车辆发生交通事故后，是由事实车主还是登记车主承担赔偿责任。

已经交付机动车但是未办理登记，发生交通事故造成损害，受让人承担赔偿责任。

在本案例中，虽然肇事卡车没有办理过户登记手续，但是已经实际交付，原车主已经不能实际支配该卡车的运营，也不能从该卡车的运营中获取任何经济效益，所以原车主可以不用承担赔偿责任。《民法典》规定，没有过户的车子发生交通事故时，由受让人承担赔偿责任。在这里，所谓的"受让人"就是车辆的实际所有者和驾驶者。所以，在这起交通事故中，陈奇应该为此承担主要赔偿责任。可是，陈奇已经逃逸，此时如果该卡车登记车主无法证明事故车辆已经发生所有权转移，那么他仍需对这起事故承担赔偿责任。

其实，一般情况下，驾驶员是赔偿主体，但如果驾驶员没有赔偿能力，法院就有可能判决车主先行赔偿伤者的损失，然后车主再向驾驶员追偿。为了避免纠纷，在买卖车辆时，一定要做好登记变更手续。如果不方便进行变更登记，也一定要保留好合同，证明买卖合同的存在，并证明对于肇事车辆不存在运营和支配能力，以保证不承担赔偿责任。

法典在线

　　《中华人民共和国民法典》第一千二百一十条　当事人之间已经以买卖或者其他方式转让并交付机动车但是未办理登记，发生交通事故造成损害，属于该机动车一方责任的，由受让人承担赔偿责任。

2 挂靠车辆发生交通事故由谁来赔偿?

王小强的同学刘美然被一辆挂靠车辆撞成重伤。当时,这辆挂靠车辆是由林志华驾驶的,为了方便经营,他与某运输公司签订了挂靠合同,林志华每月都要向该公司缴纳 450 元的管理费。事故发生后,经相关部门认定,林志华应该承担全部责任,刘美然不必承担任何责任。可是,双方关于赔偿金的数额无法协商一致。后来,刘美然找王小强进行咨询,之后便将林志华和该运输公司起诉至人民法院,要求他们赔偿医疗费、误工费、护理费、伤残赔偿金、被扶养人生活费等各项经济损失。那么,挂靠车辆发生交通事故时,挂靠人和被挂靠人都要承担赔偿责任吗?

小强说法

什么是车辆挂靠?车辆挂靠,是指挂靠者购置车辆后，通过与被挂靠者签订的车辆挂靠合同，将车辆登记在被挂靠者的名下，对外则以被挂靠者的名义从事经营活动，挂靠者应向被挂靠者交纳一定的管理费用，而且也以被挂靠者的名义交纳相关税费。

《民法典》对挂靠车辆发生交通事故的责任分配作了明确规定，如果是机动车一方出现过错，由挂靠人和被挂靠人承担连带责任。在本案例中，实际车主林志华是挂靠人，某运输公司是被挂靠人，他们对这起事故所造成的损害承担连带责任。在这里，挂靠人是实际车主，对车辆有完全的经营自主权；被挂靠人只是名义上的车主，不得干涉挂靠人的合法经营权，也无权干预车辆的运营，但它对车辆仍具有有限的运营管理支配权。从法律意义上来说，被挂靠人是车辆的所有人和管理者，其对所挂靠的车辆没有尽到监督、管理的义务而造成的侵害赔偿属于共同侵权，所以，它也应该为这起交通事故承担连带责任。

不管被挂靠人是否收取了管理费、收取的费用具体有多少，被挂靠人都应该提早意识到机动车使用过程中存在的危险，并且一定要为此承担经营风险。由于这种经营活动很有可能会对第三人造成严重损害，所以在受害人赔偿问题上挂靠人和被挂靠人都要承担连带责任。如果挂靠人和被挂靠人约定被挂靠人对交通事故的后果可以免责，这一约定也只在双方之间具有约束力，不能对抗第三人。

法典在线

　　《中华人民共和国民法典》第一千二百一十一条　以挂靠形式从事道路运输经营活动的机动车，发生交通事故造成损害，属于该机动车一方责任的，由挂靠人和被挂靠人承担连带责任。

3 未经允许驾驶他人车辆造成交通事故，车主是否可以免责？

王小强的同学郑枫出了车祸。这是怎么一回事呢？原来，胡超将自己的宝马轿车交由经营个人修车店的李军修理，可是李军将这辆轿车修好后却自己偷偷驾驶，并不小心撞伤了步行回家的郑枫。经相关部门勘查发现，李军在路过十字路口时没有减速慢行，结果撞上了郑枫，他应该承担全部责任。于是，郑枫将李军和车主一起起诉至人民法院。那么，未经允许驾驶他人车辆造成交通事故，车主是否要为此承担责任呢？

小强说法

在本案例中，车主胡超和维修者李军之间是合同关系，他将自己的车交给李军修理，与发生交通事故撞伤他人并不存在任何直接的因果关系。

《民法典》对没有经过车主允许驾驶他人车辆造

成交通事故的责任主体作了规定，如果是机动车一方的责任则由使用人承担，如果所有人和管理人对损害的发生有过错也要承担责任。

在这起事故中，修理人李军没有得到车辆的所有人和管理人的允许就驾驶，结果发生交通事故，受害人郑枫的所有损失应该由他来赔偿。而且，车辆的所有人和管理人对损害的发生没有任何过错，所以车主胡超不需要为此承担任何赔偿责任。

在交通事故中，倘若不根据实际情况具体分析，只要发生交通事故就让车主赔偿，这对车主来说是很不公平的。车辆所有人承担赔偿责任是有前提的：交通事故责任人在不违背车辆所有人意志的情况下驾驶机动车，得到了车主的同意或者默许。当然，如果驾驶人违背车主的意志驾驶机动车发生交通事故，车主不需要承担赔偿责任。

法典在线

《中华人民共和国民法典》第一千二百一十二条　未经允许驾驶他人机动车，发生交通事故造成损害，属于该机动车一方责任的，由机动车使用人承担赔偿责任；机动车所有人、管理人对损害的发生有过错的，承担相应的赔偿责任，但是本章另有规定的除外。

新法亮点

《民法典》第1212条是新增条款，对没有经过车主同意擅自驾驶他人机动车发生交通事故的责任主体进行了详细的规定。在交通事故中，在出租、出借等取得所有人同意而使用他人机动车时，使用人尚且必须承担相应的赔偿责任，更何况是没有征得车主同意就驾驶机动车，使用人则更应该为此承担责任。当然，本条主要针对的是未经允许驾驶的行为。本条虽然用"未经允许驾驶"对规范目的作出限定，但是"未经允许驾驶"包含的情形有很多种。所以，对于已经有所规定的特殊情形，本条首先将其排除。在具体的实践中，有时候"未经允许驾驶"的情形与其他情形难以区别。比如，偷开与盗窃是不一样的。从主观上来看，本条规定的"未经允许驾驶"并不以占有机动车为目的，但是盗窃车辆的最直接目的却在于非法占有。从客观上来看，盗窃的车子不会归还，但"未经允许驾驶"的车子却会在驾驶完后归还。

4 车辆投保"双保险"后发生事故应该怎样赔偿？

　　王小强有个朋友叫林祥，系郭振刚的司机。郭振刚是一家大企业的老板，他将自己的车子挂靠在宏远运输公司的名下，还为其购买了机动车交通事故责任强制保险和商业第三者责任险。某天，林祥开车时与刘平平所驾驶的车辆相撞，致使对方受伤。经相关部门调查得知，林祥负主要责任，刘平平负次要责任。事后，刘平平向人民法院起诉，要求林祥、郭振刚、宏远运输公司、保险公司赔偿自己的所有经济损失。那么，投保"双保险"的车子发生交通事故时到底应该怎样赔偿呢？

小强说法

　　本案例涉及机动车发生交通事故时，机动车交通事故责任强制保险、商业第三者责任险和侵权责任的承担顺序问题。《民法典》明确规定，肇事车辆投保了机动车交通事故责任强制保险、商业第三者责任险时，如果发生交通事故，应该先由相关强制保险的保险公司赔偿。然后，不足部分由相关商业保险公司赔偿。最后，仍有不足时，由侵权人自己赔偿。

那么，本案例中假如保险公司的赔偿仍有不足，其余被告的侵权责任该如何划分呢？《民法典》规定用人单位的工作人员因执行工作任务造成他人损害，则由用人单位承担侵权责任。所以，在这起交通事故中，林祥是郭振刚的司机，林祥在工作期间开车撞伤他人，老板郭振刚得为此承担一定的赔偿责任。又由于郭振刚将自己的车辆挂靠于宏远运输公司名下，当挂靠车辆因为过错而导致交通事故时，要由挂靠人和被挂靠人一起承担赔偿责任。也就是说，挂靠人郭振刚和被挂靠人要一起承担赔偿责任。

法典在线

《中华人民共和国民法典》第一千一百九十一条　用人单位的工作人员因执行工作任务造成他人损害的，由用人单位承担侵权责任。用人单位承担侵权责任后，可以向有故意或者重大过失的工作人员追偿。

劳务派遣期间，被派遣的工作人员因执行工作任务造成他人损害的，由接受劳务派遣的用工单位承担侵权责任；劳务派遣单位有过错的，承担相应的责任。

《中华人民共和国民法典》第一千二百一十一条　以挂靠形式从事道路运输经营活动的机动车，发生交通事故造成损害，属于该机动车一方责任的，由挂靠人和被挂靠人承担连带责任。

《中华人民共和国民法典》第一千二百一十三条　机动车发生交通事故造成损害，属于该机动车一方责任的，先由承保机动车强制保险的保险人在强制保险责任限额范围内予以赔偿；不足部分，由承保机动车商业保险的保险人按照保险合同的约定予以赔偿；仍然不足或者没有投保机动车商业保险的，由侵权人赔偿。

5 驾驶拼装车发生交通事故应该怎样赔偿？

王小强的好朋友岳呈呈向林利平购买了一辆拼装车。可是，当他开着这辆车子行至十字路口时，由于车速太快来不及刹车，结果一下子撞上了正准备去上班的贺丽丽。经过相关部门调查认定，岳呈呈行至十字路口时没有减速让行，应该承担主要责任。然而，岳呈呈没有足够的能力支付贺丽丽提出的赔偿金额。后来，贺丽丽得知岳呈呈驾驶的是一辆拼装车，于是她便将岳呈呈和拼装车专卖人林利平一起起诉到人民法院。那么，驾驶拼装车发生交通事故时，到底应该由直接侵权人还是由拼装车专卖人赔偿损失，又或是由直接侵权人和拼装车专卖人一起赔偿？

小强说法

什么是拼装车？拼装车，是指用报废的发动机等汽车部件组装而成的车子。拼装车的价钱比较便宜，但是很难达到应有的安全技术标准，倘若上路行驶很可能会酿成严重的交通事故。而且，拼装机动车本身就是一种违法行为。《民法典》对拼装车发生交通事故造成他人损害的责任分配作了明文规定，倘若以买卖等方式转让拼装车或者已经达到报废标准的机动车发生车祸并造成损害时，转让人和受让人必须共同承担连带责任。所以，受害人贺丽丽有权要求岳呈呈和林利平对自己的损害承担赔偿责任。总而言之，侵权人岳呈呈和拼装车专卖人林利平应该为贺丽丽的损害承担连带责任。

法典在线

《中华人民共和国民法典》第一千二百一十四条 以买卖或者其他方式转让拼装或者已经达到报废标准的机动车，发生交通事故造成损害的，由转让人和受让人承担连带责任。

6. 被偷车辆发生交通事故，车主是否也有责任？

王小强发现自己的爱车被人偷走了。他立即向当地派出所报了警。可是，没过多久，交警部门竟然传来他的爱车撞伤路人的消息。更可气的是，肇事者在发生车祸后逃走了，只留下身受重伤的被害人卞华。由于无法找到具体的肇事者，卞华只好将车辆的所有人王小强与该车投保的保险公司一起起诉至人民法院，要求他们承担赔偿责任。那么，被偷的车子发生交通事故，作为车主是否要承担赔偿责任呢？

在本案例中，王小强虽然是车主，但他没有过错，且与该起交通事故的损害没有任何因果关系，所以他不必承担任何赔偿责任。

那么，这起交通事故到底应该由谁来承担侵权责任呢？

《民法典》规定，被偷车辆发生交通事故时，应该由盗窃人承担赔偿责任。但是，在发生交通事故后肇事者逃离，受害者无法找到具体侵权人时，应该由保险公司在机动车强制保险责任限额范围内予以赔偿。倘若日后找到盗窃车辆的嫌疑人或者肇事者，再由其承担责任，保险公司亦可向其追偿。在这起事故中，王小强的爱车先是被人盗走，接着被盗车子又发生交通事故造成他人损害，肇事者还在撞伤他人后逃走了。在这种情形下，应该由王小强投保的保险公司在机动车强制保险责任限额范围内垫付抢救费用。假如以后能够找到盗车人，再让其承担责任，这时保险公司也可以向其追偿。

法典在线

《中华人民共和国民法典》第一千二百一十五条　盗窃、抢劫或者抢夺的机动车发生交通事故造成损害的，由盗窃人、抢劫人或者抢夺人承担赔偿责任。盗窃人、抢劫人或者抢夺人与机动车使用人不是同一人，发生交通事故造成损害，属于该机动车一方责任的，由盗窃人、抢劫人或者抢夺人与机动车使用人承担连带责任。

保险人在机动车强制保险责任限额范围内垫付抢救费用的，有权向交通事故责任人追偿。

《中华人民共和国民法典》第一千二百一十六条　机动车驾驶人发生交通事故后逃逸，该机动车参加强制保险的，由保险人在机动车强制保险责任限额范围内予以赔偿；机动车不明、该机动车未参加强制保险或者抢救费用超过机动车强制保险责任限额，需要支付被侵权人人身伤亡的抢救、丧葬等费用的，由道路交通事故社会救助基金垫付。道路交通事故社会救助基金垫付后，其管理机构有权向交通事故责任人追偿。

7 无偿搭乘他人机动车发生交通事故可以要求驾驶人赔偿吗？

王小强在一家大公司上班，有时他会顺路搭同事的车回家。一个周末，王小强在公司加班到深夜。可是，王小强刚一上车就发现刘平的车子开得不太稳当，刘平似乎是喝醉了。但是，他对此不以为意。半路上，车子突然撞上了路中间的护栏，刘平当场死亡，王小强被送进了医院。3个月后，王小强出院了，但是他不能去上班了，而且还欠下了几万元的医疗费。无奈之下，王小强只好将刘平的家属告上了法庭。那么，无偿搭乘他人车辆发生交通事故时，受害者可以向驾驶人提出赔偿要求吗？

小强说法

在生活中，搭乘亲朋好友私家车的现象是非常常见的，这既方便了同乘人，也节约了交通资源。可是，同乘时一不小心发生交通事故则会面临责任承担问题，双方往往会因此产生一些矛盾或纠纷。

《民法典》对无偿搭乘时造成无偿搭乘人损害的赔偿责任问题作了明文规定，如果属于机动车一方责任的可以减轻其赔偿责任，如果机动车使用人存在故意或者重大过失的则不可减轻赔偿责任。

在本案例中，肇事司机刘平醉酒驾车造成交通事故，他应该对这起交通事故负主要赔偿责任。在刘平死亡后，其家人应该继续承担赔偿责任。可是，王小强在上车时已发现刘平可能喝了酒，但他并没有进行劝阻或者马上下车，所以，他对事故的发生也存在一定的过错。总而言之，对这起交通事故这样处理是比较合理的：肇事司机刘平应当承担主要责任，而搭乘人王小强也要为自己的过失承担一定的责任，根据过失相抵原则，应该适当地减轻刘平家人的赔偿责任。

法典在线

《中华人民共和国民法典》第一千二百一十七条　非营运机动车发生交通事故造成无偿搭乘人损

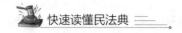

害，属于该机动车一方责任的，应当减轻其赔偿责任，但是机动车使用人有故意或者重大过失的除外。

 新法亮点

在无偿搭乘案例中，法律规定如果机动车使用人不存在故意或者重大过失的，可以减轻其赔偿责任。这种做法有利于弘扬乐于助人的良好社会道德风尚，也有利于督促机动车使用人对搭乘人尽到合理的安全注意义务。

小心**就医**，
远离医患**纠纷**。

第
六
章

将手术纱布留在患者体内，医院应该负责吗？

　　王小强被诊断患上了阑尾炎，北京某医院给王小强进行了切除阑尾的手术。不久，王小强就出院回家了。3个月后，已经愈合的伤口在刀口上方产生了窦道。

　　王小强在妻子的陪同下来到同一所医院做了窦道切除手术。可是，在做手术时医生发现，王小强的体内有一块纱布。知道这个消息后，王小强认定这块纱布就是在做阑尾炎手术时遗留下来的。于是，他将医院起诉至法院。那么，将手术纱布留在患者体内，医院是否要为此承担责任呢？

小强说法

　　在求医问诊时，偶尔会遇到一些医疗事故。那么，当遇到医疗事故时，患者应该如何维护自己的权益呢？《民法典》出于对患者权益的保护明文规定，如果由于医务人员的过失造成他人损害，那么，应该由其承担赔偿责任。在本案例中，在做手术时将一块纱布遗留在患者体内，很显然这确实是医疗机构的过失。当然，他们应该为此承担一定的责任。而且，《民法典》也保护受害者的精神权益。如果受害者受到精神伤害，是可以向对方提出赔偿精神损失的要求的，但是提出赔偿精神损失的前提必须是严重的精神伤害，而不是一般情形下的精神伤害。由于这块纱布给王小强带来了巨大的痛苦，所以他要求医疗机构赔偿精神损失也不过分，至于要赔偿多少金额，得根据实际情况而定。所以，王小强为此花去的金钱和受到的精神损害等，都应该由医院来赔偿。

法典在线

《中华人民共和国民法典》第一千一百八十三条　侵害自然人人身权益造成严重精神损害的，被侵权人有权请求精神损害赔偿。

因故意或者重大过失侵害自然人具有人身意义的特定物造成严重精神损害的，被侵权人有权请求精神损害赔偿。

《中华人民共和国民法典》第一千二百一十八条　患者在诊疗活动中受到损害，医疗机构或者其医务人员有过错的，由医疗机构承担赔偿责任。

医院伪造、篡改患者病历需
要承担法律责任吗?

　　王小强因为从高处坠落时摔伤,现在腰部活动比较困难。他来到北京某医院就诊,结果医院诊断他为第一腰椎压缩性骨折,并且对他进行切开复位内固定术。1个月后,王小强出院了。可是,没多久王小强感到身体很不舒服,他怀疑手术存在失误,于是将这家医院起诉至法院。王小强认为,这家医院在进行手术前并没有进行核磁检查,在不清楚脊椎有无受损的情况下进行手术,而且手术操作不当,误伤了他的马尾神经。后来,人民法院受理案件时,王小强提交了一份加盖这家医院病案复印章的病历复印件,医院也提交了住院病历原件。结果,人民法院发现医患双方持有的住院病历在手术记录、出院记录、入院记录、住院病案等处存在很大的差异。由此,人民法院认为,医院和王小强各持有一份病历资料,两份病历存在明显差异,说明存在伪造、篡改病历的行为。经过调查，发现医院一方篡改了王小强的病例。那么，伪造、篡改病历是否要承担法律责任呢？

小强说法

《民法典》保护患者的权益，规定了医疗机构或者医务人员存在过失必须承担法律责任，并对医疗机构存在过错的情形进行了详细说明。医疗机构存在过错有这样几种情形：其一，违反法律、行政法规、规章以及其他相关诊疗规范的规定；其二，隐匿或者拒绝提供与纠纷有关的病历资料；其三，遗失、伪造、篡改或者违法销毁病历资料。也就是说，如果医疗机构或者医务人员犯下上述任何一条时，都要为此承担法律责任。

病历作为患者治疗经过和治疗效果的原始记录，对指导患者疾病的诊疗具有一定的现实意义。而且，病历对判断医疗机构及其医务人员技术水平的高低、服务质量的好坏以及是否会构成医疗过错和医疗事故也是极为重要的。所以，从法律角度来看，病历绝对不只是单纯的医疗文件，它更是一种极其重要的证据材料。作为医疗机构应该加强自身管理，杜绝任何人以任何理由对已经归档的病历进行修改，避免诉讼中被推定存在过错并承担赔偿责任，或者承担伪造、篡改病历的行政责任。

在本案例中，这家医院伪造、篡改了王小强的住院病历，很显然是想掩盖他们行为中存在的过失，他们必须对王小强的损失进行相应的赔偿。

法典在线

《中华人民共和国民法典》第一千一百七十一条　二人以上分别实施侵权行为造成同一损害，每个人的侵权行为都足以造成全部损害的，行为人承担连带责任。

《中华人民共和国民法典》第一千二百二十二条　患者在诊疗活动中受到损害，有下列情形之一的，推定医疗机构有过错：

（一）违反法律、行政法规、规章以及其他有关诊疗规范的规定；

（二）隐匿或者拒绝提供与纠纷有关的病历资料；

（三）遗失、伪造、篡改或者违法销毁病历资料。

3 在医院输血染上艾滋病，怎么办？

　　王小强的前妻乔雨患上了甲状腺疾病，她在宏华医院进行手术治疗。在手术前，这家医院给她进行输血前的检查，显示HIV为阴性。手术后，乔雨的伤口慢慢愈合，但身体状况一直不太好。

　　两年后，乔雨的甲状腺疾病再次复发。在家人的陪同下，乔雨来到另一家医院住院治疗。让乔雨大吃一惊的是，手术前医生进行血液检查时发现，乔雨的HIV为阳性，这意味着乔雨感染了艾滋病病毒。当得知自己确诊艾滋后，乔雨的生活发生了翻天覆地的变化。以前，她总是嘻嘻哈哈，开朗乐观，一副无忧无虑的样子，可是现在她整天皱着眉头，无精打采。面对亲戚朋友奇怪的眼神，乔雨承受了巨大的心理压力。终于有一天，她再也无法忍受这样的生活了。所以，她将宏华医院起诉至法院，要求其赔偿自己所有的精神损失和物质损失。那么，在医院输血时染上艾滋病，受害人可以向医院进行索赔吗？

小强说法

《民法典》对由于输血造成损害的责任主体作了明确规定。患者如果由于输血而造成损害，可以向血液提供机构请求赔偿，也可以向医疗机构请求赔偿。很显然，乔雨是受害者，她可以向血液提供机构请求赔偿，也可以向医疗机构请求赔偿。当然，她也可以先向医疗机构请求赔偿，医疗机构进行赔偿后再向血液提供机构追偿。

在患者住院时，医院在为其输血前必须进行一些必要的检查，绝对不允许在没有进行最基本的检查的情况下为病人输血，否则病人轻则出现不良反应，重则危及生命。所以，医院应当尽到注意义务，也就是说，医院应严格按照输血前的程序进行核查，其中就包括艾滋病检测。医院一旦将含有艾滋病病毒的血液输入到患者体内，患者肯定会因此感染上艾滋病毒，所以医院没有免责的理由，其应该为在输血前没有尽到必要的注意义务承担责任。

乔雨的这起事故主要是由于输入了含有艾滋病病毒的血液，而血液则是由血站提供的，血站与损害后果之间存在直接的因果关系，所以其应该对这起事故承担主要责任。而且，由于这起事故给乔雨带来了极其严重的精神伤害，给她的生活蒙上了一层深深的阴影，所以，她要求医院和血站赔偿精神损失是合理合法的。

法典在线

《中华人民共和国民法典》第一千一百八十三条　侵害自然人人身权益造成严重精神损害的，被侵权人有权请求精神损害赔偿。

因故意或者重大过失侵害自然人具有人身意义的特定物造成严重精神损害的，被侵权人有权请求精神损害赔偿。

《中华人民共和国民法典》第一千二百二十三条　因药品、消毒产品、医疗器械的缺陷，或者输入不合格的血液造成患者损害的，患者可以向药品上市许可持有人、生产者、血液提供机构请求赔偿，也可以向医疗机构请求赔偿。患者向医疗机构请求赔偿的，医疗机构赔偿后，有权向负有责任的药品上市许可持有人、生产者、血液提供机构追偿。

4 医院是否可以擅自泄露患者的信息?

　　王小强的同学木颖由于怀孕到当地的妇幼保健医院去进行产前检查。可是,让她感到心烦的是,做完检查后每天都有人给她打电话。其中,有推销保胎药品的,也有推销产前保健的,还有推销婴儿相册之类的。后来,木颖顺利地生下了儿子,各种推销电话更是不分白天黑夜地打个不停。这种事情严重地扰乱了她的正常生活,导致她经常头痛和失眠,还为此花去了5000元。后来,木颖得知自己的电话号码是医院泄露出去的,而且这些打电话的人每个月还支付医院500元的信息费。对此,木颖很气恼,她向王小强进行咨询,王小强认为泄露他人个人信息造成严重伤害的要承担法律责任。之后,木颖将这家医院告上了法庭,要求其赔偿自己的经济损失和精神损失。那么,医院私自泄露患者信息的做法是否正确,其是否要承担侵权责任呢?

泄露患者信息，
也是侵权行为。

小强说法

《民法典》保护患者的隐私权，明文规定了泄露患者的隐私和个人信息必须承担侵权责任。在本案例中，这家妇幼保健医院在向木颖提供产前检查服务时，没有经过本人同意私自将其电话号码提供给他人，这是一种侵权行为。而且，这家妇幼保健医院还通过提供病人信息牟取利益，结果给木颖造成了严重的物质损失和精神损失。因此，这家妇幼保健医院应该对此承担相应的赔偿责任。

《民法典》规定，如果医院给患者造成严重的精神伤害时，患者有权向对方要求精神赔偿。木颖在受到严重的精神伤害后是完全可以向这家医院要求精神赔偿的。因为这家医院对木颖造成的精神伤害已经超过"轻度"范畴，故此种情形已经构成了请求精神赔偿的前提条件。当然，作为受害者木颖还可以向这家医院提出停止侵害、赔偿损失、赔礼道歉等要求。

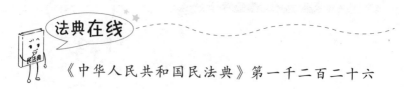

法典在线

《中华人民共和国民法典》第一千二百二十六

条　医疗机构及其医务人员应当对患者的隐私和个人信息保密。泄露患者的隐私和个人信息，或者未经患者同意公开其病历资料的，应当承担侵权责任。

患者可以对不必要的检查说
"不"吗?

　　某个周末,薛丽突然觉得肚子疼,于是她来到附近的一家医院看病。就诊时,薛丽告诉医生自己有慢性胆囊炎史,医生根据薛丽的陈述让她先做了B超,检查结果是:胆囊壁增厚,欠光滑。接着,医生又让她验血验尿,并做了心电图、胃肠透视、CT等检查,而且还说这样做是为了进一步确诊。薛丽为此花了3000元,可是这些检查都有一个共同结果:未出现异常。最后,医生才确诊薛丽是由于胆囊发炎引起的疼痛,所以只是给她开了一些治疗胆囊炎的药,药费也只有60元。回到家后,薛丽将这件事告诉了丈夫王小强。王小强听了很吃惊,他认为,医生让薛丽做这些检查是没有必要的,医生之所以这么做肯定是出于经济目的而"小病大治"。由此,他认为医院在医疗服务中存在欺诈行为,薛丽不应该承担不必要的医疗费用。后来,薛丽将这家医院告上了法庭。那么,面对一些不必要的检查，患者是否可以拒绝呢？

小强说法

在现实中，医生让患者做很多检查，一般有以下两个原因：一个是在经济利益的驱使下，以增加检查费的方式，给医院或个人创收；另一个是害怕因检查不到位出现一些误诊、漏诊现象，贻误治疗机会，甚至造成不必要的医疗事故。在本案例中，薛丽的损害主要是经济上的损失，而不是人身上的伤害，所以不构成医疗事故，由此引发的纠纷也不属于医疗事故纠纷。

其实，医生完全可以根据薛丽的陈述及B超的结果断定其是由于胆囊发炎而引起的疼痛。可是，医生却做了很多根本没有必要的检查。也许是为了减轻自己的责任，也许是出于某种经济目的，但是这种做法是不恰当的。

《民法典》规定，医生不能对病人实施一些不必要的检查，否则就要为此承担相应的法律责任。所以，当医生进行没有必要的过度检查时，薛丽提出赔偿损失的要求是合理合法的。至于如何赔偿，赔偿多少，双方可以协商解决，倘若无法协商解决，可以交由人民法院审判。

法典在线

《中华人民共和国民法典》第一千二百二十七条　医疗机构及其医务人员不得违反诊疗规范实施不必要的检查。

关爱**环境，**
和污染说**再见**。

第
七
章

对于严重的噪声污染，可否要求赔偿精神损失？

王小强向某房地产公司购买了一套房子。可是住进去后他发现，屋内一直有地下室水泵运转发出的噪声。王小强曾多次向房地产公司和物业管理公司反映情况，要求他们更换水泵或采取有效的隔音降噪措施。然而，他们虽然对噪音进行过治理，但并没有从根本上解决这个问题。后来，王小强找来环境保护监测站对自家房子里的噪声进行了测量，得出这样的结果：主要声源是水泵，实测客厅中心为 39.7dB（A）、客厅中心底部为 29.4dB（A）。之后，王小强将房地产公司告上了法庭，要求该公司彻底消除住房内的噪声污染，并赔偿自己的精神损失。那么，如果遭遇严重的噪声污染，受害者是否可以向对方请求精神赔偿呢？

小强说法

《民法典》规定了污染环境的侵权责任由谁来承担这一内容。如果由于污染环境造成他人损害的，要为此承担侵权责任。环境污染的情形有很多种，噪声污染也是其中的一种。

在本案例中，水泵的噪声污染不是轻度的而是很严重的，房地产公司有责任采取有效、可靠的隔音措施或者更换水泵。而且，长时间的噪声污染极大地干扰和影响了王小强一家人的正常生活、工作、学习、休息和身心健康，对其精神造成了严重损害，即使没有造成实际经济损失和身体伤害，也要对此作出相应赔偿。所以，王小强可以向侵权人提出赔偿精神损失的要求。

环境侵权行为是一种特殊的侵权行为，由此引起的诉讼存在着举证困难和举证责任分配问题。但是，本案的举证并不十分困难，只要检测王小强家水泵的噪声是否超标即可。当然，王小强早就让人对自家房屋的噪声进行了检测，结果表明水泵噪声对王小强一家的污染是极其严重的。在这里，既然王小强已经举证了噪声确实影响他们一家人的生活，那么房地产公司就不存在不承担责任或减轻责任的情形，也就没有噪声与王小强的损害不存在因果关系的情形。

　　总而言之，该房地产公司要为这起噪声污染事件负全部责任，需要对王小强及家人给予一定的经济补偿，即使对王小强及家人没有造成实质性伤害，也要赔偿其精神损失。

法典在线

　　《中华人民共和国民法典》第一千一百八十三条　侵害自然人人身权益造成严重精神损害的，被侵权人有权请求精神损害赔偿。

　　因故意或者重大过失侵害自然人具有人身意义的特定物造成严重精神损害的，被侵权人有权请求精神损害赔偿。

　　《中华人民共和国民法典》第一千二百二十九条　因污染环境、破坏生态造成他人损害的，侵权人应当承担侵权责任。

　　《中华人民共和国民法典》第一千二百三十条　因污染环境、破坏生态发生纠纷，行为人应当就法律规定的不承担责任或者减轻责任的情形及其行为与损害之间不存在因果关系承担举证责任。

水环境污染与自己无关的证明责任谁承担?

　　王晴是王小强的高中同学。王晴和李婕同住在小西沟村,二人关系非常要好。王晴家居村东头,李婕家居村西头。5年前,李婕找人在自家院内打了一口深井,井水主要是供家人生活使用。前不久,王晴在李婕家的西边创办了一个很大的养猪场,距离李婕家的水井很近。没过多久,李婕就觉得自家的水井受到了养猪场的污染,所以委托当地卫生防疫站对水井的水质进行了检测。结果发现,该水井内的硝酸盐超标5倍、细菌总数超标15倍、大肠菌群超标15倍,于是李婕找王晴要求赔偿。这时,王晴找到王小强向他请教法律知识。王小强认为,养猪场使他人井水受到严重污染是要承担一定的侵权责任的,除非其能够证明他人井水污染与自己无关。那么,在这种情况下,养猪场能否证明他人井水污染与自己无关呢?

小强说法

本案例的焦点是侵权人的行为与环境污染导致的损害之间是否存在因果关系。一般侵权行为中，都是由受害人举证证明违法行为与损害事实之间的因果关系。然而，污染环境、破坏生态属于特殊的侵权行为。在污染环境、破坏生态的纠纷中，行为人应该尽量想办法证明自己存在不承担责任或者减轻责任的情形，还要尽量想办法证明自己的行为与损害之间不存在因果关系。

为什么会这样呢？这主要是由于考虑受害人的举证能力，所以才规定了因果关系举证责任倒置这一规则，倘若无法举证证明，那么侵权人就要承担举证不能的后果。在本案例中，王晴在李婕家的水井附近开办养猪场，结果李婕家的井水就出现问题。为此，李婕找人鉴定，认为是王晴家的养猪场污染了自家的井水，这是李婕对自身权益的维护，是非常正确的。对王晴来说，由于法律规定在污染环境、破坏生态环境等行为中一般都采取举证责任倒置规则，她应当想办法证明自己的养猪场没有污染到别人的水井，只有这样才能够免去法律的制裁。很显然，王晴没有办法证明这一点。那么，其养猪场必须承担主要责任。

法典在线

《中华人民共和国民法典》第一千二百三十条　因污染环境、破坏生态发生纠纷，行为人应当就法律规定的不承担责任或者减轻责任的情形及其行为与损害之间不存在因果关系承担举证责任。

3 因环境污染患上白血病，可否要求多个污染方共同担责？

王小强的朋友周军是仁和公司的员工。他和黄纹结婚后生下了儿子周天天。没过多久，周军就带着妻儿一起住进了公司宿舍。半年后，周军夫妇发现周天天的身体发热、面色苍黄，就带他来到医院检查，结果医院诊断发现，周天天是急性淋巴细胞白血病，临床危度为中危。而且，医院的证明书中载明，周天天患白血病可能与病毒感染、化学因素（如接触苯）、放射因素及遗传因素有关。这是怎么一回事呢？原来，仁和公司和光大博远公司分别是生产包装制品和乳胶制品的公司，两家公司共用一个露天垃圾池，共同对该垃圾池进行清理。仁和公司提供给员工的宿舍恰好在两家公司的生产车间之间，距离露天垃圾池还不到 10 米远。一得到化验结果，周军立马意识到是环境污染让自己的孩子患上了白血病。之后，他找过王小强进行咨询，王小强认为他可以通过法律手段来维护自己的权益，所以他便将两家公司一起起诉至法院。那么，由于环境污染患上白血病，是否可以要求多个污染方一起承担责任呢？

小强说法

由于污染环境、破坏生态造成他人损害的，侵权者应该为此承担侵权责任。这是《民法典》中对受害者的保护规定。周天天之所以会患上白血病，很可能与周围的环境污染有关，显然他是本案的受害者，侵权人必须为此承担相应的赔偿责任。

《民法典》明确规定了环境侵权应该遵循无过错责任的归责原则。假如受害人能够证明损害事实与侵权人的污染行为有关时，即可认定侵权事实的存在，那么，侵权人就得为此承担赔偿责任。倘若侵权人认为受害人的损害与自己无关，那么，他必须对其应该免责事由及其行为与损害结果之间不存在因果关系承担举证责任。倘若侵权人无法做到这一点时，他就得为受害人的损失承担赔偿责任。在本案例中，两个侵权人即两家公司是很难举出证据证明其生产环境与受害人患白血病之间无因果关系的，也不能证明存在免责事由，所以两侵权人应当承担环境污染的侵权责任。

此外，《民法典》对污染环境、破坏生态造成他人损害的赔偿责任考虑得较为全面，它明文规定了两个以上的侵权人如何承担赔偿责任。具体的做法是，根据污染物的种类、浓度、排放量，破坏生态的方式、范围、程度，以及行为对损害后果所起的作用等因素来确定赔偿责任。周天天染上白血病是由数个环境侵权者的行为引起的，在判断各个污染者责任的大小时，需要综合考虑各种因素，如污染物种类、排放量及相关科学技术参数。由于受到专业性及技术的限制，十分精准地区分开各污染者的责任份额是不现实的，所以将数个污染者环境侵权的责任判定为连带责任更符合实际。

法典在线

《中华人民共和国民法典》第一千二百二十九条　因污染环境、破坏生态造成他人损害的，侵权人应当承担侵权责任。

《中华人民共和国民法典》第一千二百三十条　因污染环境、破坏生态发生纠纷，行为人应当就法律规定的不承担责任或者减轻责任的情形及其行为与损害之间不存在因果关系承担举证责任。

《中华人民共和国民法典》第一千二百三十一条　两个以上侵权人污染环境、破坏生态的，承担责任的大小，根据污染物的种类、浓度、排放量，破坏生态的方式、范围、程度，以及行为对损害后果所起的作用等因素确定。

4 他人故意污染环境造成严重损失，受害者可否主张惩罚性赔偿？

王小强承包了一处土地种植苹果。没过多久，从事铝产品加工的会仁公司搬到了王小强的苹果园附近。这家公司虽然采取了措施对废气进行处理，可是由于缺少经费，又地处偏僻，所以就没有更新排污设备，明知废气中氟化物的含量严重超标，还是继续排放污气。这一年，王小强的苹果园出现大面积减产的情况，一下子损失了将近35万元。王小强委托相关鉴定机构进行鉴定，结果发现：距离会仁公司越近，其苹果树叶片的氟化物含量越高。之后，王小强立刻将这家公司起诉至法院，要求他们加倍赔偿自己的经济损失。那么，故意污染环境造成他人严重财产损失时，受害者是不是可以要求进行惩罚性赔偿呢？

小强说法

本案例涉及惩罚性赔偿的问题。会仁公司明明知道其排放的废气中氟化物含量严重超标，可是没有及时更新排污设备，依然进行废气排放。很显然，会仁公司的行为存在着故意过失。而且这一故意过失让王小强的苹果大面积减产，从而使其遭受了严重的经济损失。当自己的利益受到损害时，被侵权人有权要求对方进行一定的赔偿。更何况，对方的侵权行为给当事人造成的损害是极为严重的。《民法典》对故意污染环境、破坏生态造成严重后果的责任赔偿作了明文规定，作为被侵权人，有权请求侵权人承担相应的惩罚性赔偿。惩罚性赔偿不是一般意义上的赔偿，而是超出实际损害数额的赔偿。

《民法典》提出对污染环境、破坏生态造成严重后果的要进行惩罚性赔偿的规定，是有积极意义的：其一，极大地维护了受害者的利益；其二，对侵权人的行为进行了一定的约束与惩罚，使其不能够随心所欲地侵犯他人的合法权益。

当然，适用惩罚性赔偿还需要注意以下四点：第一，请求惩罚性赔偿的主体只限于受害者本人，不包括有权提起生态环境赔偿诉讼、环境公益诉讼的法定机关和社会组织；第二，适用惩罚性赔偿的前提条件是侵权人主观上为故意，而绝对不能是过失或不存在任何过错；第三，侵权人污染环境、破坏生态的行为必须是违反法律规定，而不是违反行政法规、部门规章或者其他规范性文件；第四，这种赔偿只适用于侵权人实施污染环境、破坏生态的行为造成严重后果的情形。

本案例中，王小强作为被侵权人，符合请求相应惩罚性赔偿的要求，会仁公司应当赔偿他的损失。

法典在线

《中华人民共和国民法典》第一千二百三十二条　侵权人违反法律规定故意污染环境、破坏生态造成严重后果的，被侵权人有权请求相应的惩罚性赔偿。

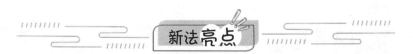

新法亮点

在已被废止的原侵权责任法中，没有将惩罚性赔偿应用于生态环境侵权领域，《民法典》第1232条新增了这一内容。它第一次规定了生态环境侵权适用惩罚性赔偿，这有利于打击及预防污染环境、破坏生态的侵权行为。

5. 环境污染由第三方造成，排污者是否也要承担责任？

王小强的表弟高冬冬创办了一个大渔场。可是，没多久他就发现有个造纸厂经常向渔场附近的小河里排放污水。更糟糕的是，建华工程公司有工人在施工时不小心掘断了小河与渔场间的堤坝。这下，渔场里的鱼死了一大半。高冬冬很难过，他将造纸厂和建华工程公司都告上了法庭，要求他们赔偿自己的所有损失。那么，由于第三方造成的环境污染到底应该由谁来承担责任呢？

小强说法

《民法典》对环境污染和生态破坏第三人责任作了规定。那么，什么是第三人责任呢？它是指第三人的过错使他人的行为造成环境污染或者生态破坏而负有的赔偿责任。环境污染和生态破坏责任适用无过错责任原则，在环境污染和生态破坏责任中，第三人的过错行为造成损害的适合本条规定。

本案例的焦点是因第三人过错导致污染环境、生态破坏的责任应该由谁来承担。在本案例中，第三人的行为作用于污染者，接着污染者的污染行为造成了被侵权人的损害。其实，如果遇到这种情况，受害者既可以向直接侵权人请求赔偿，也可以向第三人请求赔偿。所以，高冬冬作为受害者具有充分的选择权，他既可以向造纸厂请求赔偿，也可以向建华工程公司请求赔偿。由此可见，《民法典》极大地保护了受害者的利益。而且，出于对侵权人利益的考虑，《民法典》又规定了当侵权人赔偿完毕后，还可以向第三人追偿。所以，造纸厂在赔偿完高冬冬的损失后，仍可以向建华工程公司要求赔偿。

法典在线

《中华人民共和国民法典》第一千二百三十三条　因第三人的过错污染环境、破坏生态的，被侵权人可以向侵权人请求赔偿，也可以向第三人请求赔偿。侵权人赔偿后，有权向第三人追偿。

6 私自焚烧危险物致他人受损，是否要承担赔偿责任？

王小强的同学王晴因吸入大量有毒气体入院治疗，结果一次性花费了8000元。这到底是怎么一回事呢？原来，与王晴同村的李欣在没有取得危险废物经营许可证及没有办理任何环保手续的情况下，采用柴油引燃的方式焚烧废旧电子元件提取金属出售，导致附近很多村民都吸入毒气，而王晴就是受害者之一。出院后，王晴向王小强进行了相关法律咨询，并将李欣起诉至法院。那么，私自焚烧危险物致他人受损，是否要承担赔偿责任？

小强说法

在本案例中，李欣以营利为目的，违反国家法律规定，在没有取得处理危险物经营许可证、没有办理任何环保手续的情况下非法焚烧有毒危险物，并直接向大气中排放有毒气体，结果严重污染了大气环境，损害了社会公共利益。更为严重的是，这一行为致使很多村民都吸入了有毒气体并入院治疗，李欣必须为自己的行为承担法律责任，赔偿受害村民的损失。

此外，本案例还涉及生态环境修复的问题。《民法典》对环境修复作了明文规定，要求造成生态环境损害的侵权人承担修复责任，如果无法按预期修复，可以出钱由相关机关或者相关组织来进行。李欣违反法律规定，未经许可私自燃烧危险废物，向大气中排放有毒有害气体，严重污染了大气环境，他应当为此承担修复责任。如果他无法或无力承担修复责任，不能将生态环境修复到损害之前的状态，那么，可以由国家规定的机关或者法律规定的组织自行或者委托他人进行修复，但是他必须为此承担所需的所有费用。

环境污染和生态破坏责任赔偿法律关系的主体具有双重性：一个是私人层面，因为环境污染和生态破坏分割了被侵权人的民事权益；一个是国家层面，因为国家的生态环境遭受了严重的损害。由此可见，前者针对的主要是被侵权人的权益损失，后者针对的主要是国家生态环境的损失。

法典在线

《中华人民共和国民法典》第一千二百三十四条 违反国家规定造成生态环境损害，生态环境能够修复的，国家规定的机关或者法律规定的组织有权请求侵权人在合理期限内承担修复责任。侵权人在期限内未修复的，国家规定的机关或者法律规定的组织可以自行或者委托他人进行修复，所需费用由侵权人负担。

《中华人民共和国民法典》第一千二百三十五条 违反国家规定造成生态环境损害的，国家规定的机关或者法律规定的组织有权请求侵权人赔偿下列损失和费用：

（一）生态环境受到损害至修复完成期间服务功能丧失导致的损失；

（二）生态环境功能永久性损害造成的损失；

（三）生态环境损害调查、鉴定评估等费用；

（四）清除污染、修复生态环境费用；

（五）防止损害的发生和扩大所支出的合理费用。

新法亮点

生态环境修复责任的实质就是恢复原状。在此，恢复原状与赔偿损失是侵权责任的主要承担方式。相比较而言，恢复原状意在将生态环境恢复到损害发生之前的状态，使其重新发挥原有功能，是对环境损害最好的救济，所以它具有一定的优先性。在类似案例中，倘若生态环境能够修复的，优先要求侵权人承担生态环境修复责任是非常必要的，它不仅维护了受害人的权益，还充分体现了自负其责的法律理念。而且，从总体上来讲，对于减轻政府修复生态环境的压力、促进生态环境的可持续发展是极为有利的。《民法典》第 1234 条是新增内容，使得发生此类案件时，法院得以根据此条判决侵权人承担修复责任，体现了法律的进步。

高危**作业，**
别把安全不**当回事。**

第
八
章

小孩在铁路上玩耍被轧伤，可否要求赔偿？

王小强的大学同学王建是一个热情开朗的人。结婚后，他和妻子晓菲生下儿子王子真。目前，子真已经 6 岁了。某个星期天，子真跟着小朋友们一起到铁轨上玩耍，当时有一辆运货火车停靠在那里。然而他们刚准备钻到车底时，火车突然启动了，子真被卷入车底。几个孩子全都吓呆了，他们飞快地跑回村里报告情况。之后，已经昏死过去的子真被送往一家医院，经抢救虽然保住了性命，但是子真的右前臂中上 1/3 处、左小腿中上 1/3 处被截肢，经鉴定构成二级伤残。面对突如其来的灾祸，王建和晓菲陷入巨大的痛苦之中，王小强来家里探望，安慰他们，并告诉他们铁路企业应为此承担一定的责任。没过多久，王建和晓菲便将铁路企业起诉至法院，要求其为此承担一定的责任。那么，孩子在铁路上玩耍被轧伤，铁路企业是否要承担责任呢？

小强说法

《民法典》对高度危险作业致人损害的赔偿责任作了明确规定，要求高度危险作业的侵权人对自己的行为承担相应的法律责任。出于对侵权人利益的考虑，又规定了不承担责任或者减轻责任的情形。关于这种情形共有以下两种：一种是能够证明损害是因受害人故意或者不可抗力造成的；另一种是受害人对损害的发生存在重大过失。

在本案例中，出事车站站界内有村庄，铁路企业应该预见村内的小孩可能会跑来玩耍，但是村庄与铁道之间既没有设任何防护，也没有派人看护，而且没有采取任何安全措施便启动火车，显然存在一定的过错。在这里，受害人是没有民事行为能力的孩子，由于法律规定无行为能力人的行为不存在主观故意或过失，因此不能认为是其自身原因。由此可见，作为铁路企业应该为此承担一定的赔偿责任。

《民法典》规定，监护人负有保护被监护人的人身、财产以及其他合法权益的监护职责。该村位于铁路车站站界内，监护人对被监护人并没有采取一定的保护措施，对孩子跑到铁轨上玩耍并被轧伤致残的严重后果存在明显的过错，所以在本案中，监护人也应当承担一定的责任。基于这个原因，可以依法适当地减轻铁路企业的民事责任。

法典在线

《中华人民共和国民法典》第一千二百三十六条 从事高度危险作业造成他人损害的，应当承担侵权责任。

《中华人民共和国民法典》第一千二百四十条 从事高空、高压、地下挖掘活动或者使用高速轨道运输工具造成他人损害的，经营者应当承担侵权责任；但是，能够证明损害是因受害人故意或者不可抗力造成的，不承担责任。被侵权人对损害的发生有重大过失的，可以减轻经营者的责任。

2 二轮摩托车载人意外摔倒，这是谁的责任?

　　某运动俱乐部开发了一个航空基地。一天放学后，薛丽驾驶二轮摩托车搭载女儿莎莎经过此地时，正巧碰上一架民用航空器准备着陆。薛丽让女儿莎莎坐在前面，自己则用双脚撑在地上，在基地围墙外面的公路边观看。这时，民用航空器从这对母女的头顶上飞了过去，突然薛丽和莎莎从摩托车上摔了下来。结果，莎莎受了重伤，薛丽平安无事。薛丽将莎莎送往医院，治疗费共花费了8000元。事后，薛丽将该运动俱乐部起诉至法院，要求其赔偿自己的所有经济损失。那么，真的是民用航空器造成了这场事故吗? 该运动俱乐部是否要为此承担责任呢?

小强说法

　　本案例中涉及民用航空器致害的问题。什么是民用航空器? 民用航空器，是指经国家有关部门批准而投入营运的民用飞机、热气球等飞行器。那么，民用航空器损害又是什么呢？民用航空器损害，是指民用航空器发生事故，对地面人员和财产造成的损害。需要注意的一点是，它并不是对航空器所载人员或者财产的损害等。

民用航空器具有高度的危险性，由其引起的侵权损害适用无过错责任原则。在这起事故中，该运动俱乐部作为损害发生时使用民用航空器的单位，也就是民用航空器的经营者，是否要承担法律责任，关键在于莎莎受伤是否与使用民用航空器存在一定的因果关系。由于高危作业比较特殊，因此不应该过于苛刻地要求受害人承担举证责任，但是受害人的举证也必须达到一定的标准。所以，薛丽必须对自己与女儿摔倒和民用航空器之间是否存在因果关系承担举证责任。但是，薛丽根本就没有证据可以证明自己的摩托车失去平衡导致自己和女儿摔倒是由民用航空器飞过时产生的气流造成的。由此可知，本案例不属于民用航空器致害这一范畴。

法典在线

《中华人民共和国民法典》第一千二百三十八条 民用航空器造成他人损害的，民用航空器的经营者应当承担侵权责任；但是，能够证明损害是因受害人故意造成的，不承担责任。

燃气爆炸伤人由谁承担责任?

　　与王小强离婚后，乔雨带着儿子乐乐来到上海。她找了一间房子，其室内物品包括灶具都由房东李某提供。可是，刚入住的第一天发现燃气轻微泄露，燃气公司上门检测发现阀门有泄露且阀门安装属于私自安装，通知房东更换。房东嫌改装正规燃气阀门价格昂贵，另找熟人更换并告诉燃气公司已更换，燃气公司并未到现场确认。第二天，乔雨做完早饭后忘了关闭总用气阀门，在儿子上学走后不久，燃气灶突然爆炸，火势迅速蔓延整个房间，屋内的所有物品全都化为灰烬，身受重伤的乔雨被送往医院进行救治。经医院诊断，乔雨为特重烧伤、低血容量性休克、吸入性损伤。她在医院治疗整整 3 个月，共花费 50 多万元。之后，乔雨又在一些小诊所和美容院治疗烧伤疤痕，又花去 5 万多元。乔雨认为，这次事故与房东李某和燃气公司有着绝对关系。所以，她将房东和燃气公司一起起诉至法院。那么，在这起燃气爆炸事故中，到底应该由谁来承担责任呢？

小强说法

《民法典》对占有或者使用易燃物造成他人损害的赔偿责任作了明确规定，要求在事故发生后，由占有人或者使用人承担一定的责任。

作为天然气供应方，燃气公司应该不定期对用户使用的燃气设备进行检查和维修，因为其没有认真履行职责才造成燃气泄漏，所以应该对此次事故承担一定的赔偿责任。

房东李某作为出租屋的所有人，利用该房屋从事出租经营活动，是为了获利，所以李某理应对其经营场所负有一定的安全保障义务。在本案例中，房东在收取租金后，对房屋的租赁情况、房屋燃气安装情况没有尽到合理的注意义务，所以李某也应该对这起事故承担一定的赔偿责任。

《民法典》考虑占有人或者使用人的具体利益，又规定了其可以适当地减轻责任或者免去责任的情形：即假如损害是由受害人故意或者不可抗力造成的，占有人或者使用人不必承担责任；如果受害人对损害的发生有重大过失的，可以适当地减轻占有人或者使用人的赔偿责任。

受害人乔雨在关闭燃气灶阀门时没有关闭总用气阀门，导致天然气泄漏，由此可见其没有尽到安全注意义务，所以她对这起事故的发生也存在过错，理应对自身的损失承担相应的责任。

总而言之，受害人乔雨在这起事故中确实存在一定的过失，但并非本人故意为之，所以在这里排除了占有人或使用人不需要承担责任的情况。但是，由于乔雨本人确实没有尽到安全注意义务，所以可以适当地减轻房东和燃气公司的赔偿责任。

法典在线

《中华人民共和国民法典》第一千二百三十九条　占有或者使用易燃、易爆、剧毒、高放射性、强腐蚀性、高致病性等高度危险物造成他人损害的，占有人或者使用人应当承担侵权责任；但是，能够证明损害是因受害人故意或者不可抗力造成的，不承担责任。被侵权人对损害的发生有重大过失的，可以减轻占有人或者使用人的责任。

4 在废弃水潭中溺水而亡，这一过失的责任由谁承担？

　　王小强的同学李明有个 12 岁的儿子，名叫李欢。某天中午，李欢与同学一起跑到张家村村委会附近的一个废弃水潭中玩耍。不幸的是，李欢溺水死亡。经调查发现，这处水潭暂时没有纳入张家村用地报批范围。该水潭系几十年前某矿厂采矿后未回填土所形成的一个深坑，经多年自然蓄水而形成。之后，该水潭一直无人管理，但村民陈大、陈二偶尔会来此挑水以浇灌自家的菜园。李明得知儿子死亡的消息后，将张家村村委会和陈大、陈二（该水潭的所有人和使用者）起诉至法院，认为被告方应当承担非法占有高度危险物造成他人损害的侵权责任。那么，孩子在废弃水潭中溺水而亡，村委会和陈大、陈二是否要承担责任呢？

在本案例中，张家村水潭地处偏僻而且是由于历史原因形成的，并不是严格意义上的对外开放场所，法律也没有要求其所有人或者占有人、使用人承担安全保障义务。当时，受害人李欢已经年满12岁，他应当认识在水潭玩水具有很大的危险性，应该对损害结果承担一定的责任。而李欢的父母对受害人负有法定的监护义务，由于没有尽到监护职责，所以应该为此承担全部责任。

《民法典》规定了对非法占有高度危险物的损害责任。具体规定是，非法占有高度危险物造成他人损害的，由非法占有人承担侵权责任。所有人、管理人不能证明对防止非法占有尽到高度注意义务的，与非法占有人一起承担连带责任。

在这起事故中，涉事水潭确实存在潜在的危险，但它却不是"高度危险物"。那么，什么是"高度危险物"呢？所谓"高度危险物"，是指易燃、易爆、剧毒、高放射性、强腐蚀性、高致病性等物品。那么，什么是非法占有呢？非法占有，是指包括盗窃、抢劫、抢夺等在内违背所有人或管理人的意志而取得对高度危险物占有的情形。由此推断，本案例不适用非法占有高度危险物致害的侵权责任的相关规定。

法典在线

《中华人民共和国民法典》第一千二百四十二条 非法占有高度危险物造成他人损害的，由非法占有人承担侵权责任。所有人、管理人不能证明对防止非法占有尽到高度注意义务的，与非法占有人承担连带责任。

5 未经允许进入高速公路受伤，怎么办？

王小强的朋友靳礼遇上了一起严重的交通事故。原来，他开车行驶在高速公路上时，突然撞倒了一男一女，男的当场死亡，女的被撞成了重伤。这一男一女是一对恋人，他们是高速公路附近的村民，为了尽快回家，他们无视了"非机动车和行人严禁进入高速"的警示牌，从护栏破损处进入高速公路，想抄近道。当时，高速公路的工作人员发现了他们的意图，对他们进行了劝离。但是，二人在工作人员离开后又悄悄返回，并穿越公路来到隔离带。可是当他们即将穿过隔离带时却发生了这样的不幸。那么，未经允许进入高速公路受伤，高速公路的管理者是否要为此承担责任？

小强说法

《民法典》明文规定了未经许可进入高度危险区

域受到损害的侵权责任。在此种情形下，《民法典》考虑到了管理人的利益，明确规定了管理人存在减轻或者不承担责任的情况。那么，管理人具体如何做才会减轻或者免责呢？其实，这就需要管理人尽量想办法证明自己已经采取足够的安全措施并尽到充分警示义务。高速公路管理者的职责主要在确保公路畅通无阻，而不是严格防范故意违反交通法律法规的行为。在本案例中，高速公路管理者已经采取了封闭式管理，并设置了"非机动车和行人严禁进入高速"的警示牌。在发现进入高速公路的行人时，工作人员给予了及时的劝离。可是，这对恋人根本不听劝告，待工作人员离去后，二人又悄悄地走上了高速公路。所以，发生这起交通事故主要是他们自己的过失，而公路管理人已经尽到了安全保障义务，他们不必为此承担责任。

但是，这对恋人是从被损坏的护栏处进入高速公路的，由此可知高速公路的管理者并没有尽到管理及维护义务，所以他们应该为此承担一定的法律责任。当然，由于受害人本身存在过错，所以可以适当地减轻高速公路管理者的赔偿责任。这对恋人是具有正常认知能力的成年人，他们二人应当知道进入高速公路通行车道的危险性、违法性，所以在高速公路管理者赔偿之后，剩余的损失应由他们自行承担。

法典在线

　　《中华人民共和国民法典》第一千二百四十三条　未经许可进入高度危险活动区域或者高度危险物存放区域受到损害，管理人能够证明已经采取足够安全措施并尽到充分警示义务的，可以减轻或者不承担责任。

高速公路管理人能够证明自己已经采取足够安全措施并尽到充分警示义务的，可以减轻或者不承担责任。

动物**致害**，
究竟谁**有过**。

第
九
章

1 逗狗致伤，主人也要负责吗？

　　高冬冬的同学杨灿养了一只宠物狗，非常可爱，高冬冬去串门时时常逗它玩。有一天下午，高冬冬跑到杨灿家串门。杨灿的宠物狗由于刚做完节育手术，情绪很不稳定，所以杨灿将其拴在院内的大树上，还特地告诉高冬冬不要去招惹它。可是，高冬冬把他的话当作耳边风，用食物去挑逗这只宠物狗，结果在喂食时由于离得太近，高冬冬被宠物狗咬到了左手，随后赶忙前往医院进行治疗。事后，高冬冬要求杨灿赔偿自己的经济损失，最终二人没有达成一致意见，所以高冬冬将杨灿起诉至人民法院。那么，逗狗致伤时主人是否要承担责任呢？

　　生活中，经常会发生动物伤人事件。动物的饲养人或管理人作为直接控制人，一定要对动物采取安全

措施。有些时候，由于被侵权人的介入导致损害的发生，被侵权人的过错会对侵权责任的承担产生一定的影响。本案例就是由于被侵权人挑逗动物遭受损害从而引发的纠纷。

《民法典》对饲养动物致人损害的责任作了明文规定。在一般情况下，无论动物饲养人或者管理人是否有过错，都要承担一定的赔偿责任。但是，《民法典》也规定了可以适当地减轻责任或者免责的具体情形。原本，饲养动物损害责任适用无过错责任原则，无论动物饲养人或管理人在主观上是否有过错，都应当承担相应的民事责任。但是，倘若损害是因被侵权人故意或者重大过失引起的，可以适当地免除或减轻动物饲养人或者管理人的责任。在这起事故中，杨灿确实尽到了一个宠物主人的义务，他先是把情绪不稳定的宠物狗拴好，又提前通知对方不要招惹自己的宠物狗，可是对方不仅不以为意，还用食物挑逗这只宠物狗，所以才发生了这起宠物伤人事件。因此，高冬冬对事故的发生存在一定的过错，他也应该为此承担一定的责任，而作为饲养人和管理人的杨灿则可以适当地减轻赔偿责任。

法典在线

《中华人民共和国民法典》第一千二百四十五条 饲养的动物造成他人损害的，动物饲养人或者管理人应当承担侵权责任；但是，能够证明损害是因被侵权人故意或者重大过失造成的，可以不承担或者减轻责任。

被动物园里的动物伤害，谁来付医药费？

　　五一假期，乔雨带着儿子乐乐去动物园玩。他们来到大象馆外的草坪上，看到大象引来了很多人的围观。但是，草坪上没有任何提醒游客注意的警示牌。有的游客用买来的食物喂大象，有的游客给大象拍照，有的游客拾起小石头向大象扔去。突然，大象狂叫一声，用鼻子卷起地上拳头大小的石头，然后朝人群中扔去，结果石头一下子砸中了乐乐的头部，乐乐顿时血流满面。乔雨见了，赶忙将儿子送往医院，结果一下子花费了6000多元。事后，当乔雨找动物园方理论时，动物园方认为这只是一个意外，不愿对此次事件承担责任。所以，乔雨只好将这家动物园起诉至人民法院。那么，被动物园里的动物伤害，动物园方是否可以不承担责任？

小强说法

本案例的焦点是在动物园游玩时受伤到底应该由谁承担责任。

《民法典》对饲养人或者管理人没有对动物采取安全措施造成损害的责任作了明文规定,要求动物饲养人或者管理人对此承担相应的责任。这家动物园的兽舍设施并不完善,而且也没有任何明显的警示牌,由此可见,这家动物园未对动物采取必要的安全措施。而且,这起事故不是由于受害者的过失引起的,所以根本不存在"减轻责任"的特殊情形。

《民法典》对动物园的动物造成他人损害的责任作了明文规定。一般情况下,动物园方应当承担赔偿责任。但是,如果动物园方能够证明已尽到管理职责时,可以不承担赔偿责任。很显然,本案例中,当游客们纷纷喂食、挑逗大象时,动物园工作人员并没有及时劝阻,由此可见,动物园方并没有尽到应尽的管理职责。

总而言之,这家动物园既没有对大象采取必要的安全措施,又没有尽到管理职责,而且受害者本人也不存在任何过错，所以动物园方必须为此承担全部责任，为受害者支付全部医疗费用。

法典在线

《中华人民共和国民法典》第一千二百四十六条　违反管理规定，未对动物采取安全措施造成他人损害的，动物饲养人或者管理人应当承担侵权责任；但是，能够证明损害是因被侵权人故意造成的，可以减轻责任。

《中华人民共和国民法典》第一千二百四十八条　动物园的动物造成他人损害的，动物园应当承担侵权责任；但是，能够证明尽到管理职责的，不承担侵权责任。

3 藏獒伤人，主人是否要承担责任？

　　林晓美是王小强的同班同学，大学毕业后她来到一家销售公司上班。有一天，她上班经过李家庄时，从路旁突然间蹿出两条藏獒将其扑倒在地进行撕咬，结果使她左右臂受到严重伤害，衣服也被撕扯得破烂不堪。这时，藏獒的主人李明赶快过来将其牵走。接着，李明将林晓美送往医院进行救治，并且为此支付了相应的医疗费用。后来，林晓美又多次到医院进行后续治疗，花费医疗费6万元，交通费400元，并分5次注射了狂犬疫苗。之后，李明和林晓美因后续治疗费用发生了纠纷。林晓美向王小强进行法律咨询，王小强认为宠物伤人主人必须承担相应的赔偿责任。听了王小强的指导，林晓美将李明起诉至法院，要求李明赔偿自己的所有经济损失，并且认为自己同时遭受两条藏獒的突然袭击，导致精神受到严重伤害，所以要求李明承担一定的精神损害赔偿。那么，藏獒伤人主人到底要不要承担责任呢？

小强说法

《民法典》对动物致害案件的赔偿责任作了详细规定。它既规定了一般情形下饲养人和管理人要承担侵权责任，同时又规定了因受害人故意或者重大过失造成损害时饲养人或者管理人可以免责或者适当地减轻责任。在本案例中，两条藏獒突然间蹿出来使林晓美受到伤害，这说明其饲养人李明没有尽到管理义务，而林晓美对本次事故又不存在故意或者重大过失，因此，李明应该为这起事故承担全部责任。

在我们周围，有一些人喜欢饲养藏獒，可是饲养藏獒时可能会发生一些意想不到的伤人事件。《民法典》出于对受害人权益的保护，也为了维持良好的社会秩序，要求动物的饲养人或者管理人在饲养的烈性犬造成意外事故时承担一定的赔偿责任。藏獒本来就是烈性犬，属于危险动物，因此在藏獒对他人造成严重伤害时，其饲养人或管理人应当承担侵权责任。

此外，由于林晓美一下子遭遇两条藏獒的突然袭击，这对她造成一定程度的精神损害，甚至是心理阴影，所以李明还应该赔偿林晓美的精神损失。林晓美提出这样的要求并不过分，是合情合理且合法的。

法典在线

《中华人民共和国民法典》第一千二百四十五条 饲养的动物造成他人损害的，动物饲养人或者管理人应当承担侵权责任；但是，能够证明损害是因被侵权人故意或者重大过失造成的，可以不承担或者减轻责任。

《中华人民共和国民法典》第一千二百四十七条 禁止饲养的烈性犬等危险动物造成他人损害的，动物饲养人或者管理人应当承担侵权责任。

新法亮点

藏獒属于烈性、攻击性犬类，是危险动物。根据《民法典》第1247条"禁止饲养的烈性犬等危险动物造成他人损害的，动物饲养人或者管理人应当承担侵权责任"的规定，在藏獒伤人后，其饲养人或管理人即使对藏獒尽到了安全责任义务甚至对藏獒咬伤他人并不存在任何过错，也要对此承担一定的赔偿责任。在这里，这一规定适用的是"无过错责任原则"。

4. 动物园里的蜜蜂蜇伤人，动物园方是否要承担责任？

国庆期间，王小强的好朋友肖林林与妻子王娟来到动物园游玩。可是，正当他们观赏美景时，肖林林突然被一只野蜂蜇伤了，竟然无法行走，由于抢救无效而死亡。经过检查发现，肖林林属于野蜂蜇伤引起过敏而死。料理完肖林林的后事，王娟便将动物园与急救中心一起起诉至人民法院，要求赔偿200万元的损失费。王娟认为，发生不幸时她正和丈夫肖林林在动物园里游玩，肖林林被野蜂蜇后就立即不能行走了，所以她拨打了急救电话，可是急救车却迟迟没有到达，等到送往医院时肖林林的心跳已经停止了跳动。因此，动物园和急救中心对自己丈夫的死负有责任。但动物园方面却认为野蜂蜇人事件不在自己的管理范围之内，拒不承担侵权责任。那么，在动物园里出现蜜蜂蜇死人的事情，动物园方是否可以免责？

小强说法

《民法典》对动物园动物致害事件的一般情形和特殊情形都作了明文规定。在一般情形下，动物园方应当承担赔偿责任。但是在特殊情形下，比如，动物园方能够证明自己已经尽到管理职责，可以不必承担责任。

《民法典》还规定，公共场所的管理者、经营者如果没有尽到安全保障义务而造成他人损害时，要承担赔偿责任。在本案例中，动物园方没有尽到自己应尽的义务，其既没有向游客尽到足够的提示义务，也没有及时告知游客动物园内存在风险，更没有对突发事件实施急救和预防的措施。急救中心接到电话后，没有及时赶往现场进行抢救，结果导致了肖林林的死亡。试想，倘若急救中心能够及时赶到，也许就可以避免发生这样的不幸。所以，动物园方与急救中心都存在一定的过错，都要对肖林林的死亡承担一定的责任。

法典在线

《中华人民共和国民法典》第一千一百九十八条 宾馆、商场、银行、车站、机场、体育场馆、娱乐场所等经营场所、公共场所的经营者、管理者或者群众性活动的组织者，未尽到安全保障义务，造成他人损害的，应当承担侵权责任。

因第三人的行为造成他人损害的，由第三人承担侵权责任；经营者、管理者或者组织者未尽到安全保障义务的，承担相应的补充责任。经营者、管理者或者组织者承担补充责任后，可以向第三人追偿。

《中华人民共和国民法典》第一千二百四十八条 动物园的动物造成他人损害的，动物园应当承担侵权责任；但是，能够证明尽到管理职责的，不承担侵权责任。

5 被遗弃的流浪狗致人损害，投喂人可以免责吗？

  王小强很喜欢小动物，所以经常会喂养一些无家可归的流浪动物。王小强的邻居李一飞本来与王小强非常要好，可是某天下午，当李一飞从小区花园中经过时，竟然被一条狗咬伤了大腿，为此他花去5000元。原来，咬伤李一飞的这条狗是一只被遗弃的流浪狗。在大约半年时间里，王小强及其家人经常喂养这条狗，因此这条狗长期徘徊在王小强家附近。当得知是王小强经常喂养这条狗时，李一飞将王小强起诉至法院，要求他赔偿自己的医药费，甚至还要求赔偿精神损失。那么，被遗弃的流浪狗致人损害时，其投喂人是否要为此承担赔偿责任？

小强说法

  《民法典》对动物致害事件的赔偿责任作了比较

详细的规定。它先是规定了一般情形下，饲养动物造成他人伤害，或者对自己饲养的动物没有采取安全措施而致人损害，饲养者或者管理者必须为此承担相应的法律责任。同时，对于特殊情形也作了相应规定，比如，如果能够证明损害是由于受害者故意或者重大过失造成的，可以适当地减轻责任或者不承担责任。

当然，有些时候饲养人可能由于各种原因将自己的宠物遗弃了。结果，这些原本"享福"的宠物一下子成了流浪动物。这时，这些流浪动物可能会闯下各种各样的祸。《民法典》也考虑了此种情形，要求流浪动物的原饲养人或者管理人为流浪动物在遗弃、逃逸期间造成他人损害承担相应的赔偿责任。

在本案例中，王小强只是一个善意投喂人。他对流浪狗进行了喂养，并没有任何想占有或者企图谋取实际利益的想法，所以，在一般情况下，善意投喂人不承担流浪动物致害的侵权责任。

法典在线

《中华人民共和国民法典》第一千二百四十五条　饲养的动物造成他人损害的，动物饲养人或者管理人应当承担侵权责任；但是，能够证明损害是因被侵权人故意或者重大过失造成的，可以不承担或者减轻责任。

《中华人民共和国民法典》第一千二百四十六条　违反管理规定，未对动物采取安全措施造成他人损害的，动物饲养人或者管理人应当承担侵权责任；但是，能够证明损害是因被侵权人故意造成的，可以减轻责任。

《中华人民共和国民法典》第一千二百四十九条　遗弃、逃逸的动物在遗弃、逃逸期间造成他人损害的，由动物原饲养人或者管理人承担侵权责任。

新法亮点

随着宠物逐渐成为很多家庭中的"重要成员"，它们对人们的社会生活产生了很大影响，这种影响主要是针对生活卫生环境、人身财产权益乃至生命安全而言。所以，法律在制定饲养动物损害责任等方面的规定时，采取了"谁引发风险谁担责""谁受益谁担责"的理念。这一理念要求人们对其所饲养的动物一定要进行十分审慎的管理，当没有尽到管理义务或违反法律规定时，必须承担相应的侵权责任。

飞来横祸，
谁是真正的"凶手"。

第
十
章

1 外墙脱落砸死人究竟谁负责？

　　王小强的大学同学林爱云是一名小学老师。一天傍晚，下班回家的林爱云像往常一样走着，当她路过一小区时，小区楼房外墙上的水泥块忽然脱落，砸在了林爱云的头上，导致其当场死亡。经相关部门调查得知，这座涉事楼房建于1991年，分为3个单元，共有40户42名业主，但是没有物业和业主委员会，而致林爱云死亡的水泥块是从1单元的外墙上脱落的。面对爱妻的突然死亡，林爱云的丈夫原涛心痛至极，他将这座楼房的42名业主一起起诉至法院。那么，外墙脱落砸死人究竟应该由谁承担赔偿责任呢？如果找不到具体的加害人，难道所有住户都要对此进行相应的赔偿吗？

　　随着经济的快速发展，城市里涌现出了很多高楼大厦。这些看起来十分坚固的建筑物有时也会发生这

样或那样的不幸事件，比如，因建筑物的外墙突然脱落造成他人严重受伤，甚至导致他人死亡，那么这时应该由谁来对此承担责任呢？

《民法典》对这一特殊事件作了明文规定，如果发生此种情形由其所有人、管理人或者使用人承担责任，其前提必须是所有人、管理人或者使用人无法证明自己不存在任何过错。当然，《民法典》出于对所有人、管理人或者使用人的利益考虑，允许他们在赔偿完受害者的损失后，如果还有其他责任人或者找到具体的侵权人时，他们可以向其进行一定的经济追偿。

此外，出于对公平原则的考虑，《民法典》同时也规定了如果受害者对事故的发生存在重大过错，可以适当地减轻侵权人的赔偿责任。在本案例中，在事故发生前，通道附近并没有设置任何安全警示标志或禁止通行标志，林爱云在正常行走的过程中遭遇意外的灾祸，没有证据可以证明她对这起事故的发生存在一定的过错，所以不存在减轻或者免除侵权人赔偿责任的情形。本案例中的 42 位业主作为房屋的所有人、管理人或使用人，他们对破损的建筑没有尽到合理修缮的义务，所以才会出现外墙水泥块脱落致他人死亡的事件，他们应该承担一定的民事赔偿责任。由于业主之间的过错根本无法区别大与小，所以应该以独立门牌或产权记载的 40 户为基准，平均承担相应的赔偿责任。

一般情况下，侵权行为适用"一般过错责任原则"，可是对于如高空坠物这种特殊侵权行为，受害人很难证明对方主观上存在过错，所以《民法典》规定，类似这样的特殊侵权行为适用"过错推定责任原则"，以平衡致害人与受害人的权益。也就是说，当事人如果不能证明自己没有过错，则会推定其存在一定的过错。楼房外墙属于整栋楼的全体业主共同所有，全体业主都有维护墙体的义务，所以全体业主对这起事故都要承担相应的赔偿责任。

法典在线

《中华人民共和国民法典》第一千一百七十三条 被侵权人对同一损害的发生或者扩大有过错的，可以减轻侵权人的责任。

《中华人民共和国民法典》第一千二百五十三条 建筑物、构筑物或者其他设施及其搁置物、悬挂物发生脱落、坠落造成他人损害，所有人、管理人或者使用人不能证明自己没有过错的，应当承担侵权责任。所有人、管理人或者使用人赔偿后，有其他责任人的，有权向其他责任人追偿。

出租房屋的花盆砸伤人，谁是真正的"凶手"？

王小强住在某小区中，每天都骑着电动车上下班。一天早上，他照常将电动车停放在楼下的车位上。突然，他被一个从天而降的大花盆砸中，幸亏邻居及时将他送往医院进行抢救。经医院诊断，王小强为右额叶脑挫裂伤、开放性颅骨骨折，其颅脑损伤伤残程度为9级。为此，王小强花去约10万元的医疗费。后来，经过调查确定，肇事花盆属于5楼的一名女住户。王小强立刻找到该住户，结果发现花盆原本摆放在房间的阳台上，由于花架木条腐烂才导致其掉落。了解到这一情况后，王小强要求五楼女住户承担一定的赔偿责任，但对方拒绝了他的要求。对方说，自己只是租客，平时住在另一个房间内，花盆是房东留下的，摆放花盆的房间一直没有人住。后来，王小强又找到房东，可是房东称房子已经出租，应该由实际使用的租客承担赔偿责任。无奈之下，王小强只好将房东和租客一起起诉至法院。那么，出租房屋的花盆砸伤人，房东和租客到底应该如何担责呢？

小强说法

《民法典》对建筑物及其搁置物、悬挂物发生脱落、坠落造成他人损害的责任承担作了规定，要求遇到此种情形时其所有人、管理人或者使用人如果无法证明自己没有过错时，就得承担一定的赔偿责任。很显然，它从某种程度上保护了受害人的权益。当然，它也考虑了所有人、管理人或者使用人可能会因此背负沉重的经济负担，所以又规定了他们在赔偿后，倘若有其他责任人或者找到具体的加害人时，可以向其进行追偿。

在本案例中，房东和租客无法证明自己没有过错，所以他们应当为这起事故承担一定的赔偿责任。需要注意的一点是，女住户作为花盆摆放房间的租客，虽然没有入住但却是实际使用者，还是应当为此承担赔偿责任的。至于如何分配赔偿数额，最好能够进行协商解决，协商不成的可以交由人民法院来审判。

法典在线

　　《中华人民共和国民法典》第一千二百五十三条　建筑物、构筑物或者其他设施及其搁置物、悬挂物发生脱落、坠落造成他人损害，所有人、管理人或者使用人不能证明自己没有过错的，应当承担侵权责任。所有人、管理人或者使用人赔偿后，有其他责任人的，有权向其他责任人追偿。

3 铁杆误落高压线上致电器损坏，居民损失谁负责？

王小强的好友王召买了一套新房，在搬家时他为了方便顺手将挂窗帘的铁杆从窗口扔了下去。然而，这条铁杆并没有落在地上，而是搭在两根高压电线上形成短路，结果导致周围大约十几个村数百户居民的家用电器被严重损坏。事后，供电公司及时修复了电路，并向受损居民赔偿了 50 万元的家电维修费。由于王召的过失造成居民的家用电器受到严重损坏，可是为此承担赔偿责任的却是供电公司。当供电公司知道这起事故是由于王召高空抛物，便毫不犹豫地将王召起诉至法院，要求他为自己的过失承担法律责任。那么，当供电公司向居民进行赔偿后，是否可以向造成这起事故的直接侵权人王召索赔呢？

在本案例中，王召高空抛物的后果是极其严重的（造成几个村庄数百户居民的家用电器受到严重损害）。王召作为一名成年人，他非常清楚地知道高空抛物可能会损害他人的生命或者财产安全，但其主观上对危害结果的发生不以为意，因此对自己的行为危害他人利益的后果存在间接故意。

《民法典》规定了高空抛物案件可以根据有无明确的抛物行为人、有无明确的管理责任人等进行进一步的细分，对不同类型案件的处理方式也会有所不同。

这起事故属于抛物行为人明确的高空抛物案件。《民法典》中明文规定禁止从建筑物中抛掷物品。从建筑物中抛掷物品造成他人损害的，由抛物行为人依法承担侵权责任。所以，王召一定要为自己的行为承担法律责任。虽然供电公司对居民进行了应有的赔偿，可是王召是致使损害发生的直接行为人，他应当为自己的轻率举动承担赔偿责任。

法典在线

《中华人民共和国民法典》第一千二百五十四条 禁止从建筑物中抛掷物品。从建筑物中抛掷物品或者从建筑物上坠落的物品造成他人损害的，由侵权人依法承担侵权责任；经调查难以确定具体侵权人的，除能够证明自己不是侵权人的外，由可能加害的建筑物使用人给予补偿。可能加害的建筑物使用人补偿后，有权向侵权人追偿。

物业服务企业等建筑物管理人应当采取必要的安全保障措施防止前款规定情形的发生；未采取必要的安全保障措施的，应当依法承担未履行安全保障义务的侵权责任。

发生本条第一款规定的情形的，公安等机关应当依法及时调查，查清责任人。

新法亮点

近年来，高空抛物事件越来越多，很多无辜者因此深受其害，这类事件被人们称为"悬在城市上空的痛"。其实，高空抛物不仅是违反公共道德、公序良俗的行为，更是法律禁止的违法行为。《民法典》第1254条规定，发生高空抛物时应该由造成损害的直接行为人承担赔偿责任，倘若该直接行为人是儿童、精神疾病患者等无行为能力人或限制行为能力人，则应该由其监护人承担赔偿责任。对于无法确定具体侵权人的，则由可能加害的建筑物使用人承担补偿责任。本条也规定了物业服务企业对高空抛物事件具有安全保障义务，这种做法会促使物业公司加强管理，完善保障设施，积极采取各种措施，比如，定期宣传、张贴标语、安装监控、经常巡防等，尽可能地避免高空抛物对他人造成严重损害。本条的出台有利于推动公安机关依法及时调查，进而确定直接侵权人，这对解决现实中高空抛物侵权人查找难的问题具有非常积极的实践意义。

门口堆放的玻璃倒塌致人损伤，货主是否要担责？

　　王小强的朋友李轩有个邻居名叫王志详，他打算为自己的父母盖栋房子。这些天，王志详准备了许多建筑材料。可是，由于家里没有空间，他便将刚买来的玻璃堆放在家门口。一天，李轩带着5岁的女儿梅梅前来串门。当他们聊得正热乎时，梅梅由于贪玩来到门边玩耍，这时堆放的玻璃突然倒塌，将梅梅压倒，致使其受到严重伤害。事发后，李轩迅速将女儿送往医院救治，结果经鉴定机构评定，梅梅为十级伤残。后来，李轩找到王小强进行法律咨询，王小强告诉他在门口堆放东西致人受伤必须承担法律责任。李轩听了王小强的指导，向人民法院提起诉讼，要求王志详赔偿自己的所有经济损失。那么，门口堆放的玻璃倒塌致人受伤，货主是否要承担赔偿责任呢？

小强说法

梅梅在王志详家门口被倒塌的玻璃压伤，王志详作为玻璃的所有人及管理者，对该堆放物存在一定的安全注意义务，而且他没有及时消除堆放物可能存在倒塌事故的安全隐患，也没有在堆放物旁边设立安全警示标志，由此可见，他并没有尽到防止倒塌的安全保障义务，也没有证据证明自己对堆放物的倒塌不存在任何过错。《民法典》明文规定了侵犯他人权益造成伤害时必须承担法律责任。与此同时，它对堆放物倒塌、滚落或者滑落造成他人损害的情形作了明确规定，堆放人无法证明自己没有过失时必须为此承担相应的赔偿责任。因此，堆放人王志详必须为此承担相应的赔偿责任。

在这起事故中，梅梅的监护人李轩应该对自己年幼的女儿负有监护责任。李轩在事故发生前明明知道王志详家门口堆放着一大堆玻璃，但是他根本没有意识到它会突然倒塌给他人造成损害。当梅梅在门口的玻璃旁边玩耍时，监护人李轩没有对其进行安全监护，所以他对这起事故的发生也存在一定的过错，也应该负有一定的责任。《民法典》中规定了如果受害人对事故的发生发展存在重大过错可以适当地减轻侵权人的赔偿责任。在本案中，李轩很明显犯有一定的过失，所以可以适当地减轻侵权人王志详的赔偿责任。

法典在线

《中华人民共和国民法典》第一千一百六十五条 行为人因过错侵害他人民事权益造成损害的，应当承担侵权责任。

依照法律规定推定行为人有过错，其不能证明自己没有过错的，应当承担侵权责任。

《中华人民共和国民法典》第一千一百七十三条 被侵权人对同一损害的发生或者扩大有过错的，可以减轻侵权人的责任。

《中华人民共和国民法典》第一千二百五十五条 堆放物倒塌、滚落或者滑落造成他人损害，堆放人不能证明自己没有过错的，应当承担侵权责任。

5 在公共道路上堆放物品造成他人损害的，由谁赔偿？

　　王小强的好朋友王林驾驶二轮摩托车行驶至某一路段时，车子轧过堆放在道路上的建筑材料后侧翻，结果造成了右胫腓骨骨折，构成五级伤残。为此，王林总共花去45万元医疗费。事发路段堆放的建筑材料是李强准备用来装修房屋的。李强既没有在旁边摆放任何警示标志，也没有采取任何防护措施，更没有得到相关部门的特别许可。王林出事后，向王小强进行了法律咨询。王小强认为，不管是公共道路的管理人还是建筑材料的主人都应该为此承担法律责任。之后，王林将这段公路的管理部门和李强一起告上了法庭。那么，在公共道路上堆放物品造成他人损害的，到底应该由谁来赔偿呢？

小强说法

　　在生活中，有时候我们会被公共道路上的堆放物绊倒，甚至还可能造成非常严重的后果。《民法典》考虑此种情形，出于对受害者权益的维护，明确规定了在公共道路上堆放、倾倒、遗撒妨碍通行的物品导致他人损害的，侵权人必须承担相应的赔偿责任。同时也规定了无法证明自己尽到应尽义务的公共道路管理人必须为此承担相应的赔偿责任。

在本案例中，李强在公共道路上堆放建筑材料结果造成了王林严重受伤，而且他并没有在显眼的地方摆放任何警示标志，也没有采取任何防护措施，更没有得到相关部门的特别许可，所以他应该为自己的这一行为承担一定的法律责任。这段公路的管理部门在发现路上有堆积物时，为了保障道路通行就必须及时让人搬走障碍物，可是他们并没有对此采取任何措施，对王林的摔倒存在一定的过错。所以，道路管理部门也要为此负一定的责任。最后，王林作为最直接的受害人，他在经过该路段时由于没有尽到足够的谨慎义务，因此对个人的损害也存在一定的过错。总而言之，因为三者都对损害的发生发展存在一定的过错，所以他们都应该对这起事故承担一定的责任。

法典在线

《中华人民共和国民法典》第一千二百五十六条　在公共道路上堆放、倾倒、遗撒妨碍通行的物品造成他人损害的，由行为人承担侵权责任。公共道路管理人不能证明已经尽到清理、防护、警示等义务的，应当承担相应的责任。

6 小区树枝砸伤孩子是否可以要求物业赔偿？

假期期间，王小强和儿子一前一后走在小区的人行道上。突然间，一根树枝砸中了走在前面的孩子头部。王小强吓呆了，他注意到这根树枝大概有 2 米长，且从很高的地方掉落。孩子被砸中后，一个劲儿地哭泣，同时还流了很多血。王小强赶忙将其送往医院进行救治。事后，王小强将所住小区的物业管理部门起诉至法院，要求其赔偿自己的全部损失。那么，小区的树枝砸伤孩子，物业管理部门是否要承担一定的赔偿责任？

小强说法

"大千世界，无奇不有"，有时候我们常常会遇到各种各样的突发事件，比如，林木突然折断造成他人严重受伤。那么，如果你遇到这种情形会怎办呢？

在本案例中，因树枝折断造成孩子受伤适用过错推定原则。也就是说，如果林木的所有人或者管理人不能证明自己没有过错，那么，他们就必须为此承担侵权责任。作为受害者只需要证明侵权人是林木的所有人或者管理人，自己所受伤害是由其所有或管理的林木折断造成的即可，可以不用证明林木的所有人或者管理人存在某种主观上的过错。当然，林木的所有人或管理人能够证明自己没有过错，或者树木折断完全是由于恶劣天气等不可抗力因素、第三人过错的，或者受害人自身对损害的发生存在一定过错的，可以适当地减轻或免除赔偿责任。很显然，本案例中不存在以上减轻或免责的情形。因此，该小区的物业管理部门应该为这起事故承担主要责任。

法典在线

《中华人民共和国民法典》第一千二百五十七条 因林木折断、倾倒或者果实坠落等造成他人损害，林木的所有人或者管理人不能证明自己没有过错的，应当承担侵权责任。

7 没有施工标识而致人损害，应该由谁负责？

一天傍晚时分，王小强骑着电动车行驶在一条公路上，突然间一条绳子出现，他来不及躲让，被绳子绊倒，结果摔成重伤。这是怎么一回事呢？原来，博华公司在前方修理地下管道，为了提示行人他们在施工的地方树立了牌子，并在50米以外拉上绳子。可是，这条绳子上并没有明显的标识，待王小强发现时已经太晚而来不及躲让。那么，没有明显的施工标识致人损害，施工单位是否要对此承担一定的责任？

小强说法

在生活中，偶尔会发生在施工现场或附近意外受伤的安全事故。有些人常常会因为自己一时不小心或者施工单位的粗心大意导致人身权益受到损害，那么，作为受害者应该如何来维护自己的权益呢？

其实,《民法典》出于对被侵权人与侵权人的双重权益考虑,要求施工人在无法证明自己已经设置明显标志和采取相应的安全措施时必须为此承担一定的赔偿责任。但是,它也规定了如果被侵权人个人存在重大过失时,侵权人可以适当地减轻赔偿责任。

本案例中,这起事故发生在工程公司施工范围内,该施工单位虽然在修理的地方放置了一些施工标识,但在设置绳子的地方却没有设置明显的警示标志,结果导致王小强被绳子绊倒受伤,由此可见,该施工单位并没有尽到设置明显标志和采取安全措施的义务,所以应该为这起事故承担一定的赔偿责任。当然,倘若该施工单位能够证明自己已经设置了明显标志和采取了安全措施,那么就不必为此承担赔偿责任。可是,该施工单位根本不可能证明这一点。

为了避免这类事故发生,施工单位在施工期间,一定要尽到安全保障义务,在施工现场设置明显的警示标志,最好能够派专人进行看守,避免给行人或车辆造成伤害。与此同时,作为过路人,经过施工地点时一定要注意自身安全,注意相关警示标志,千万不要私自闯入施工现场,否则很有可能造成极其严重的安全事故，给自己和他人造成无法挽回的损失。

法典在线

《中华人民共和国民法典》第一千二百五十八条 在公共场所或者道路上挖掘、修缮安装地下设施等造成他人损害，施工人不能证明已经设置明显标志和采取安全措施的，应当承担侵权责任。

窨井等地下设施造成他人损害，管理人不能证明尽到管理职责的，应当承担侵权责任。